KB043971

예술을 소유하는 새로운 방법

예술을 소유하는 새로운 방법

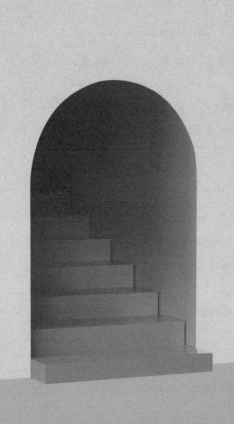

박제정 지음

NFT로 만나는
예술과 콘텐츠의 미래

차례

1장_____ 예술 시장을 뒤흔든 NFT

01 _ 예술 시장의 과거와 현재

02 _ 디지털 세상으로 이동하는 예술 시장

03 _ 새로운 시대의 예술

2장 _____ 디지털 시대의 예술 경험

01 _ 디지털 아트의 특징

3장 _____ 기술이 바꾸는 예술의 가치

5장 ___ 기술, 예술, 인문학의 접점 NFT

01 _ NFT 아트와 인문학

02 _ NFT의 미래와 기회

프롤로그, 예술 시장의 새로운 문이 열리다

여러분은 미술관과 갤러리라는 단어를 들으면 어떤 느낌이 떠오르나요? 일반적으로 엄숙하고 조용히 있어야 하는 공간으로 조심스러움이 먼저 떠오를 것입니다. 제가 갤러리에서 근무하며 만나본 관람객들도 항상 위축되어 있었습니다. 예술은 겉으로는 자유로움을 표방하고 있지만, 실상은 그렇지 않은 탓에 저 또한 답답함을 느낀 적이 많았습니다.

　우리 사회는 하루가 다르게 발전하고 변화하고 있습니다. 하지만 예술 시장을 움직이는 관계자들의 생각과 태도는 여전히 과거에 머물러 있는 경우가 많습니다. 저는 전통을 지켜나가는 것과 시대의 흐름에 발맞추는 것

사이에서 고민을 거듭하던 중 블록체인과 NFT 기술을 접하게 되었습니다.

복잡하고 폐쇄적인 기존의 예술 시장과 달리 블록체인과 NFT 기술이 가진 투명성과 신뢰성 그리고 효율성에 매료되었고, 체계적인 구조를 갖추고 데이터를 분석하는 기술이 예술에도 접목될 수 있다는 사실을 깨달았습니다. 이처럼 미래의 변화를 이끌어갈 새로운 기술이 이미 코앞에 다가왔습니다. 그러나 새로운 기술을 무조건 수용하기 전에 우리는 스스로 질문을 던져 볼 필요가 있습니다.

"이 기술이 왜 필요한가?"

"이 기술을 어떻게 활용할 수 있을까?"

"이 기술을 통해 미래의 예술이 어떤 모습으로 발전할까?"

"우리가 생각하는 아름다움이라는 가치는 어떻게 변화할까?"

새로운 기술을 제대로 활용하기 위해서는 사회와 문화에 대한 충분한 이해가 필요합니다. 우리는 빠르게 변화하는 흐름 속에서 어떻게 대응하고 성장할지 고민해야 합니다. 그렇지 않으면 그저 기술에 끌려다니게 될 뿐입니다. 이러한 변화의 끝을 예측할 수는 없지만, 그럼에도 방향을 잡아 나가야 한다는 생각으로 글을 쓰게 되었습니다.

『예술을 소유하는 새로운 방법』은 NFT를 구매하고 거래하는 방법보다 앞으로 NFT 기술이 가져올 예술의 변화에 초점을 맞추고 있습니다. NFT 기술에서 촉발된 새로운 예술의 흐름을 전반적으로 살펴보고, 예술의 미래에 관해서 이야기해보고자 합니다.

정치와 경제, 문화와 기술 등 다양한 요소가 만나고 어울릴 수 있어야 사회가 발전하고 성장할 수 있습니다. 기술은 우리 사회를 구성하는 필수 요소 중 하나입니다. 이제 기술을 이해하고, 기술과 함께하는 생활 방식과 사상을 준비해야 합니다.

현재 NFT 기술과 관련하여 시장이 정립되지 않아서 많은 사람이 혼란을 겪고 있습니다. 바로 지금이 NFT와 블록체인을 올바르게 정립할 수 있는 시기라고 생각합니다. NFT라는 새로운 기술을 어떻게 사용하고 어디까지 수용할 것인지, 독자 여러분과 함께 고민해보고 싶습니다.

NFT 시장은 변화의 속도가 매우 빠르기 때문에 본문의 내용과 상이한 부분이 생겼을 수도 있습니다. 그러나 이 책의 목적은 거시적인 관점에서 NFT 기술로 인한 예술의 변화를 살펴보는 것입니다. 저는 가까운 미래와 먼 미래를 균형 있게 바라보고자 합니다.

기술의 발전 속도와 가치관이 일치할 때 올바른 미래를 설계할 수 있습니다. 불안과 두려움이 아닌 희망 가득한 미래로 나아가기 위해 기술과 사회 그리고 문화의 흐름을 이해하는 데 이 책이 도움이 되면 좋겠습니다.

1장
예술 시장을
뒤흔든 NFT

01

예술 시장의
과거와 현재

새로운 예술의 대두

일상에서 친숙하게 접하는 단어가 된 NFT는 하나의 분야에 국한되지 않고 금융, 예술, 유통 등 다양한 영역과 연결되어 있는 게 특징입니다. 그런 탓에 NFT는 업계에 따라서 다양하게 정의되고 있으며, 관계자에게 해당 용어의 설명을 부탁하면 당황하거나 서로 다른 답을 내놓기도 합니다. 이러한 엇갈린 견해가 현재 NFT 시장을 혼란스럽게 만드는 원인 중 하나입니다.

이제 여러 측면을 고려하여 NFT를 종합적으로 파악하는 것이 중요합니다. 그러므로 사회적 합의를 통해 NFT의 정의를 통합할 필요가 있습니다. 사회적 합의를 끌어내기 위해서는 단어의 뜻을 분명하게 정하는 것부터 시작해서, 기술이 필요한 영역과 범위 그리고 우리에게 미치는 영향에 대해 이해해야 할 것입니다. 이와 같은 이유로 먼저 블록체인과 NFT 기술이 무엇인지 알아보겠습니다.

블록체인이란?

블록체인은 간단하게 말해서 데이터 위변조 방지 기술입니다. 블록체인의 블록은 다수의 정보 이력을 관리하기 위한 하나의 묶음이며, 이 정보가 체인처럼 연결되어 블록체인이라 불리게 되었습니다. 즉, 블록체인은 여러 거래내역을 하나의 블록으로 묶어 기존에 생성된 블록에 체인처럼 연결하는 데이터 구조를 의미합니다. 블록체인이 주목받게 된 것은 정보를 독립적으로 분산하여 관리할 수 있기 때문입니다. 블록체인의 정보는 사용자가 정보를 나누어 보관하고 열람할 수 있으며, 누군가 임의로 수정할 수 없어서 위변조가 불가능합니다.

블록체인 기술을 대표하는 것이 바로 암호화폐입니다. 암호화폐는 지폐나 동전처럼 실물이 존재하지 않고 온라인상에서만 거래되는 화폐입니다. 앞서 설명한 블록체인의 분산 기술을 활용한 덕분에 암호화폐는 해킹의 위험으로부터 안전합니다. 또한 종이 문서에 필요한 작업 시간을 줄이고, 개인 인증 절차를 간소화할 수 있기에 앞으로 은행 서비스를 대체할 수 있을 것으로 주목받고 있습니다.

NFT란?

최근 블록체인 산업에서 중요한 이슈로 떠오른 NFT는 우리가 일반적으로 알고 있는 암호화폐와 달리 대체할 수 없는 디지털 콘텐츠와 자산을 담고 있습니다. NFT는 Non-Fungible Token의 줄임말로 디지털 자산의 원본성과 소유권을 담고 있는 디지털 인증서로 볼 수 있습니다.

이전부터 디지털 파일로 제작된 이미지, 음원, 비디오 클립 등의 콘텐츠는 쉽게 복사할 수 있는 탓에 낮은 가치를 유지해왔습니다. 그래서 디지털 콘텐츠의 저작권자는 자신의 권리를 보호받지 못했으며, 경제적 효과를 누릴 수도 없었습니다. 하지만 NFT 덕분에 디지털 콘텐츠도 저작권자와 소유권자를 명시할 수 있게 되었습니다. 종이로 발행되는 인증서와 달리 디지털 인증서는 분실하거나 훼손될 위험이 없고, 언제든지 스마트폰으로 간편하게 확인할 수 있기에 NFT가 주목받는 것입니다.

인쇄물을 중심으로 저작권이 논의되던 과거와 달리 디지털화로 인해 저작권이 문화산업 전반으로 확대되고 있습니다. 이제 상품의 생산과 유통을 포함한 일상생활 전반이 디지털화되어 있습니다. 디지털 중심의 경제 체제로 전환되면서 디지털 저작권과 소유권의 중요성이 높아지며 NFT 시장도 빠르게 성장하고 있습니다.

NFT는 디지털 자산에 새로운 가치를 부여하고, 새로운 창작 시장을 만들어준다는 점에서 높은 성장 가능성을 가지고 있습니다.

메타버스와 NFT

이와 동시에 디지털과 현실의 경계를 허무는 메타버스 Metaverse라는 '가상세계'의 출현으로 NFT가 더욱 주목받게 됐습니다. 메타버스는 가상과 초월을 뜻하는 영어 단

어인 메타Meta와 우주를 의미하는 유니버스Universe의 합성
어입니다. 즉, 현실과 같은 사회 · 경제 · 문화 활동이 이
루어지는 가상세계를 의미합니다.

가상세계에서는 물리적 한계를 뛰어넘는 전시를 자
유롭게 기획하고 실현할 수 있습니다. 나아가 국내 예술
가의 작품을 해외에 자유롭게 전시할 수 있고, 시공간의
제약 없이 전시를 관람하거나 작품을 거래할 수 있습
니다.

그런데 가상세계에서 상대방을 어떻게 믿고 거래할
수 있을까요? 우리는 금융 거래와 같은 민감한 부분을 진
행하기 전에 상대방과 직접 만나 서로를 이해하고 신뢰를
쌓으면서 관계를 형성합니다. 그러나 가상세계에서는 이
러한 방식으로 관계를 맺기 어렵습니다. 하지만 블록체인
기술을 활용하면 위조 방지뿐만 아니라 누구나 거래 이력
을 자유롭게 확인할 수 있기에 가상세계에서도 신뢰를 구
축할 수 있습니다. 덕분에 디지털 경제 활동을 위한 토대
가 완성되었습니다. 이처럼 블록체인과 NFT 기술은 디지
털 경제와 문화산업을 이룩하는 데 결정적인 역할을 할
수 있으리라는 기대감과 함께 부상했습니다.

블록체인과 NFT 기술이 앞으로 우리 삶을 어떻게 변화시킬까요? 해당 기술이 우리를 행복하게 해줄 수 있을지 여러 사례를 통해 살펴보겠습니다. 특히 예술과 인문학의 관점에서 예측해보려 합니다. 예술과 인문학은 기술의 발전으로 인한 사고방식의 변화를 이해하고 세대간 격차를 줄여주는 역할을 할 수 있습니다.

예술은 세대와 문화를 포괄하는 소통 창구로서, 언어로 전달하기 어려운 영역까지 새로운 방식으로 표현할 수 있습니다. 인문학 역시 사고방식의 차이를 좁히는 데 도움을 주기 때문에 그 맥락을 짚어가며 충분히 이야기해보겠습니다.

예술 시장의 진화

예술은 언제나 새로운 사상과 가치에 대해 논하며 우리의 견문을 넓혀줍니다. 예술가는 다양한 주제와 재료로 새로운 작품을 선보이며 '자유'의 의미를 확장해가고 있습니다. 그러나 창조적인 예술 작품의 이면에는 보수적으로 움직이는 예술 시장이 있습니다. 예술 시장은 오랜 역사와 전통을 기반으로 견고한 체계를 갖추고 있습니다. 연공서열을 중심으로 하는 관료제로 세대교체가 원활하지 않으며, 예술에 대한 해석의 권위는 엘리트 기득권과 문화자본을 가진 이들이 독점하고 있습니다.

예술 시장을 장악하고 있는 위계질서를 타파하기 위한 시도가 있었지만, 오랜 시간 견고하게 쌓아온 막강한 엘리트주의에 대항하기에는 역부족이었습니다. 그러나 블록체인 기술의 등장과 코로나19로 시대가 급변하며 예술 시장의 오랜 관행이 드디어 한계에 부딪히게 되었습니다.

기존의 문제점

그동안 예술 시장의 수면 아래에서는 여러 문제가 제기되고 있었습니다.

첫 번째는 작품의 위작입니다. 높은 가격에 거래되는 작가들은 고정된 소재를 반복적으로 그리며 대부분 독자적인 표현법을 구축했습니다. 이렇게 완성된 표현법은 남들이 따라 하기 쉬운 탓에 위작의 표적이 되는 경우가 많습니다. 위작은 작가를 포함하여 시장의 신뢰성을 무너뜨리기 때문에 국내외에서 매번 문제가 제기되었지만, 지금까지 뚜렷하게 해결할 방법이 없었습니다.

두 번째는 높은 거래비용입니다. 예술품을 매매하려면 갤러리와 경매회사 그리고 아트페어와 같은 곳을 통해 구매하고 수수료를 내야 합니다. 주식과 부동산의 경우 수수료가 1퍼센트 미만입니다. 그러나 예술품은 경매회사를 기준으로 위탁 수수료가 10퍼센트이고, 낙찰 수수료는 국내 경매가 15퍼센트에 해외 경매는 18퍼센트나 됩니다. 게다가 부가가치세까지 더하면 예술품 구입에 소비되는 전체 수수료는 20퍼센트에 육박합니다. 그리고 갤러리나 아트페어를 통해 예술품을 구매할 때도 매개 수수료가 50퍼센트에 달합니다. 이렇게 높은 수수료는 결국 컬렉터(소비자)가 부담하는 비용을 상승시키기 때문에 잘못하면 예술품 거래를 기피하여 시장의 침체로 이어질 수 있으므로 매우 중요한 문제입니다.

세 번째는 작품의 이동과 설치 등 부가적인 비용이 발생하는 것입니다. 작품을 구매하고 설치한 이후에도 공간의 온도와 습도를 일정하게 유지하고, 자외선으로부터 작품을 보호해야 합니다. 그래서 작품을 보관할 장소가 마땅하지 않으면, 구매는 시도조차 하기 어렵습니다.

이와 같은 문제들이 해결되지 않은 탓에 예술 시장은 더 성장하지 못하고 정체되어 있었습니다. 그러나 NFT로 모든 문제를 해소할 수 있게 되었습니다.

NFT의 장점

NFT는 작품의 제목, 저작권자, 소유권자, 수수료, 거래 이력 등의 정보가 블록체인에 저장되고 있습니다. 누구나 이러한 정보를 열람하여 진품임을 확인할 수 있기에 위작의 문제에서 벗어날 수 있습니다.

또한 중개인 없이 예술가와 컬렉터가 작품을 직접 거래할 수 있기에 매개 비용을 감소시켜줍니다. 시장의 투명성을 높임으로써 소비자로부터 신뢰를 얻고 효율성을 극대화할 수 있습니다.

그리고 온라인에서 거래되기 때문에 작품의 이동과 설치에 관한 부가 비용이 발생하지 않습니다. 게다가 자연 현상으로 인한 훼손을 신경 쓰지 않고 작품을 보관할 수 있습니다.

이처럼 예술 시장의 고질적인 문제를 해결할 수 있는 NFT와 블록체인 기술은 관료적인 예술계에 혁명의 신호탄이 되었습니다.

그동안 디지털 파일로 존재하던 그림, 영상, 음원 등은 자유롭게 복제가 가능한 탓에 원본의 의미가 크지 않았으며, 예술로서 가치를 인정받지 못했습니다. 그러나 복제와 위변조가 불가능한 NFT 기술로 디지털 콘텐츠도 가치를 보호받는 동시에, 실물 자산처럼 희소성을 획득하게 되었습니다.

이제는 예술품을 포함하여 저작권이 필요한 모든 영역에서 NFT 기술을 적용할 수 있습니다. 최근에는 웹툰, 웹소설, 게임 일러스트 그리고 의미 있는 역사적 기록과 추상적인 내용까지 NFT로 만들어지고 있습니다. 기술의 발전과 새로운 매체의 등장으로 예술의 범위가 점점 확장되고 있습니다.

예술로 인정받지 못하던 영화와 만화도 시대가 바뀌고 의식의 변화가 일어나며, 예술의 한 장르로 인정받게 되었습니다. 마찬가지로 NFT는 전통적인 예술 시장의 시스템과 신념을 흔들며, 기술이 가진 새로운 의미를 우리에게 보여주고 있습니다.

새로운 기회의 장

위계질서가 강한 예술 시장은 신진 작가가 진입하기 어려운 구조로 되어있습니다. 작가가 전시를 개최하기 위해서는 갤러리나 아트페어처럼 규격화된 공간이 필요합니다. 해당 공간으로 접근하기 위해서는 갤러리에서 주최하는 '작가 공모'와 '기획 공모'에 지원해야 합니다. 작가는 주최 측의 응모 자격과 심사 기준에 부합해서 당선되어야만 전시를 할 수 있습니다.

또는 지자체에서 작가들이 창작 활동에 전념할 수 있도록 경제적 지원을 해주는 '레지던시 입주 작가'에 선정되어야 합니다. 하지만 자격이 까다로워 전시 경력이 없는 신진 작가의 당선은 쉬운 일이 아닙니다. 이외에도 대

관료를 지불하고 전시를 진행하는 방법이 있으나, 비용적인 측면과 더불어 전시 기획과 진행에 대한 경험이 부족한 작가에게는 쉽지 않은 선택입니다.

다양한 가능성

NFT 기술은 불평등한 구조를 해결하고, 등단이 어려웠던 신진 작가에게 새로운 길을 열어주며 예술 시장의 확장을 예고하고 있습니다.

지금까지 작가들은 소셜미디어를 통해 자기 작품을 알리려고 했지만, 동시에 도용과 같은 문제에도 노출되어 있었습니다. 하지만 NFT 기술로 돌파구를 마련했습니다. 이러한 흐름에 발맞춰 인스타그램은 2022년에 'NFT 게시' 기능을 도입한다고 발표했습니다. 이 기능은 인스타그램 내에서 전자지갑을 연결해 사용자가 발행하거나 소유한 NFT를 공유할 수 있는 기능입니다. 이외에도 다양한 소셜미디어 플랫폼에서 NFT 기술을 접목하는 것을 고민하고 있으며, 작가들이 소셜미디어에서 자기표현뿐만 아니라 수익도 창출할 수 있는 방향으로 나아가고 있습니다.

또한 NFT를 활용하면 온라인 전시관을 만들어 지리적 한계를 뛰어넘을 수도 있습니다. 모든 것이 풍부한 수도권과 달리 예술 시장이 협소한 지방은 작가들이 활동하기에 상대적으로 불리한 점이 많습니다. 하지만 NFT는 국내를 넘어서 작가들의 해외 진출 문제까지 해결할 수 있습니다.

NFT로 작품을 공개하고, 온라인상에서 전시를 진행하며 여러 나라의 작가, 컬렉터, 갤러리스트와 자유롭게 교류할 수 있는 환경이 열렸습니다. 덕분에 신진 작가들 중에는 해외에서 작품을 먼저 선보이고, 국내보다 해외에서 더 유명해지는 현상이 발생하고 있습니다. 신진 작가들은 NFT 기술을 적극적으로 수용하여 레드오션이 된 기존 시장을 벗어나, 새로운 시장의 잠재력과 역동성을 보여주며 전례 없는 방향을 개척하고 있습니다.

예술 시장의 변화

작가들이 움직이기 시작하자, 경매회사와 갤러리도 어쩔 수 없이 그동안 등한시했던 새로운 기술을 수용하기에 이르렀습니다.

지금까지 경매회사와 갤러리에서는 대부분 판매율이 높은 회화(서양화)를 중심으로만 전시를 진행해왔습니다. 이렇게 획일적인 방식은 예술 시장의 다양성을 저해하고 우리의 인식에도 영향을 끼칠 수 있습니다. 예술의 자유로운 형식과 변화를 수용하지 못한다면, 사회의 발전과 혁신도 불가능하기 때문입니다.

하지만 코로나19로 인한 비대면의 일상화와 NFT 기술이 가져온 시대적 흐름은 오랜 시간 고착된 예술 시장에도 변화를 불러일으켰습니다. 오프라인 작품 관람이 어려워지자 대형 갤러리에서 '온라인 뷰잉룸'을 오픈하여 온라인으로 작품을 감상하고 판매하는 경로를 구축했습니다. 이어서 중소형 갤러리까지 가세하면서 온라인 예술 시장 형성에 박차를 가했습니다. 이러한 변화는 단순히 기존 작품을 온라인에서 감상하는 것을 넘어 새로운 가능성을 열어주고 있습니다.

그 예로 전통 깊은 갤러리에서 회화를 벗어나 기술과 연결된 디지털 작품을 선보이는 흐름이 만들어지고 있다는 점입니다. 작가는 평면에서 벗어나 입체적으로 사물을 표현하는 경험을 통해 다양한 형식으로 작업을 발전시키고 있습니다. 이외에도 해외 기관의 협력 없이는 해외 전시가 어려웠던 소규모 갤러리도 온라인으로 새로운 판로가 개방되어 자율성을 획득하게 되었습니다. 이처럼 NFT 기술은 예술 시장의 구조를 바꾸고, 예술의 일상화를 가속하며 개인의 삶을 변화시키고 있습니다.

02

디지털 세상으로
이동하는 예술 시장

소통과 감상 방식의 변화

NFT 기술이 가져온 예술 시장의 구조적인 변화에 이어서 이번에는 예술 시장으로 한 걸음 들어가 작가와 감상자의 행동이 어떻게 변화하고 있는지 이야기해보겠습니다.

기존의 예술은 작가가 깊은 성찰을 통해 구축한 철학을 감상자가 일방적으로 받아들여야만 했습니다. 이는 작품을 감상하거나 예술가와 이야기를 나눌 때도 마찬가지였습니다. 갤러리에서는 관행이라는 이유로 갤러리스트와 딜러를 제외하고, 감상자가 직접 작가와 소통하는 것을 금기시했습니다.

일부 갤러리에서 작가와 함께하는 '아티스트 토크'를 진행하는 등 다양한 소통 창구를 마련했지만, 감상자와 자유롭게 소통하기보다는 작가 혼자 이야기를 끌어나갈 뿐이었습니다. 갤러리에서 소통을 독려해도 기존 방식에 익숙한 작가와 감상자 모두 새로운 상황에 쉽게 적응하지 못했습니다. 그런 탓에 예술 시장에서 소통이란 언제나 일방적일 수밖에 없었습니다.

새로운 소통 방식

NFT는 소통 방식에도 새 지평을 열어주며, 예술과 상호 작용하는 범위를 확대하고 있습니다. NFT는 디지털 문화를 기반으로 작가와의 소통을 자연스럽게 만들어줍니다. 특히 작가를 직접 대면하지 않기에 감상자가 부담 없이 자신의 의견을 말할 수 있다는 장점이 있습니다. 덕분에 작가도 감상자와 자유롭게 소통할 수 있는 환경이 조성되었습니다.

온라인은 오프라인처럼 작가와 소통하기 위해 갤러리와 같은 낯선 공간에 찾아가서 개인의 인적 정보를 노출해야 하는 불편함이 없습니다. 그리고 서로 소통하는 과정에서 의견이 충돌하더라도 자신만의 공간에서 심리적 안전감을 가질 수 있기에 더욱 편하게 이야기를 나눌 수 있습니다. 이처럼 온라인에서 편안한 상태로 다양한 주제로 토론하다 보면 개인의 성장과 발전을 위해 필요한 의견도 자연스럽게 주고받을 수 있습니다.

작가는 자기 작품을 좋아하는 사람들의 의견을 듣고, 이를 적극적으로 반영하여 후속 작품을 진행하기도 합니다. 작가가 과거에 독자적으로 작품을 제작했던 것과 달리 NFT는 작가와 감상자가 함께 만들어간다고 해도 과언이 아닙니다. 또한 작가는 자신의 소셜미디어 계정에 작품을 제작하는 과정을 소개하며 적극적으로 정보를 노출하고 있으며, 감상자는 이에 호응하며 작품에 대한 정보를 실시간으로 접할 수 있습니다.

작가와 감상자는 소통을 통해 응집력이 강화되어 하나의 공동체를 형성하게 됩니다. 이렇게 형성된 공동체는 유입 인원이 늘어나면서 커뮤니티로 성장하게 되고, 이들은 갤러리스트의 역할을 자처하며 작가와 작품을 자발적으로 홍보합니다. 커뮤니티 구성원들은 작가가 성장하는 것을 자기 일처럼 여기고 응원하기 때문에 커뮤니티의 유대감이 더욱 깊어집니다.

더욱 친숙해진 예술

디지털 문화를 중심으로 새로운 세대가 예술을 수용하는 방식은 예전처럼 일방적이지 않습니다. 이러한 문화가 예술 시장에 근본적인 변화를 불러왔습니다.

기술이 가져온 변화는 여기서 그치지 않습니다. 예술은 작품을 통해 감상자와 소통할 때 진정한 의미를 갖게 됩니다. 그러나 전시와 공연은 정해진 시간과 공간에서만 관람할 수 있습니다. 이러한 형태는 감상자이자 소비자인 개인이 시장의 구조에 맞추는 것으로, 콘텐츠 제공자가 원하는 방식대로 서비스를 경험할 수 있을 뿐입니다.

하지만 지금은 감상자가 직접적인 통제나 간섭에서 벗어나, 원하는 시간과 공간에서 자유롭게 작품을 감상할 수 있습니다. 이제 시장이 개인에게 맞추는 시대입니다. 더불어 국내를 넘어 해외의 전시에도 손쉽게 접근하여 문화의 다양성을 경험해볼 수 있는 환경이 조성되었습니다. 이는 곧 개인의 취향에 맞는 선택지를 넓혀줍니다.

기술로 인해 예술 시장의 생산 주체인 작가뿐만 아니라 소비자인 감상자에게도 폭넓은 선택지와 자유가 생겼습니다. 그림을 자주 볼 수 있다는 것은, 그림을 구입하는 행위 자체를 평범하고 일상적으로 만들어줍니다. 이러한 친숙한 경험이 우리를 예술로 한 걸음 더 가까이 다가가게 해줍니다.

정보 비대칭과 분배 구조의 개선

사회에서 중요한 가치와 정책은 대부분 권력을 가진 집단
에 의해 결정됩니다. 엘리트주의가 만연한 예술 시장도
소수의 전문가에 의한 가치 평가가 주를 이루었습니다.
예술품의 가치는 '예술적 가치'와 '경제적 가치'로 나누어
지며, 그 가치는 갤러리스트, 경매사, 비평가, 컬렉터 들이
형성하고 있습니다. 이러한 주체들이 상호작용하며 예술
품의 가격이 최종적으로 정해집니다.

   다른 산업과 달리 예술품은 가격을 예측할 수 있는
지표가 존재하지 않습니다. 왜냐하면 예술품의 거래 가격
을 공시할 의무가 없기 때문입니다. 예술 시장에서는 정
보의 비공개가 관행적으로 이루어지기에 정보 비대칭에

따른 신뢰성 문제가 언제나 야기되어 왔습니다. 예술품의 가격을 형성하는 과정이 불공정하고 불합리한 탓에 예술을 사랑하는 사람들의 입문을 어렵게 만들었습니다.

하지만 블록체인 기술은 작품이 언제, 어디서, 얼마에 거래되었는지 모두 투명하게 공개됩니다. 이로써 작품의 가격 추이를 확인하고 예측해볼 수 있습니다. 그리고 네트워크상에 모든 내용이 기록되기에 소유권을 확인하기 쉽습니다. 이러한 정보는 즉시 전달되기 때문에 거래의 효율을 극대화할 수 있습니다. 또한 데이터의 불변성 덕분에 그동안 불투명했던 예술품의 거래내역에 신뢰성을 줄 수 있습니다.

창작자의 수익 보장

현재 예술 시장에서 가장 불공정한 부분은, 작품이 경매에서 높은 가격에 낙찰되더라도 작가에게 배분되는 수익이 없다는 점입니다. 그러나 NFT는 블록체인 기술인 스마트 컨트랙트Smart Contract를 통해 작품이 거래될 때마다 작가가 로열티를 받을 수 있습니다. 스마트 컨트랙트는 블록체인에 거래 성립 조건을 설정하고, 조건이 충족되면 자동으로 계약이 체결되어 저장하는 방식입니다.

로열티는 NFT를 발행할 때 설정할 수 있습니다. 통상적으로 거래 가격의 10퍼센트가 기준이지만, 작가가 자유롭게 변경할 수 있습니다. 또한 공동 작업처럼 2명 이상의 작가가 함께한 경우에도 로열티를 일정한 비율로 배분할 수 있습니다. 자기가 만든 콘텐츠로 정당한 대가를 획득할 수 있고, 그 과정에서 불필요한 커뮤니케이션을 생략할 수 있다는 점에서 수많은 창작자가 NFT를 주목하고 있습니다.

작가들은 철학을 기반으로 하는 예술의 특수성 때문에 작품의 가격 설정과 판매와 관련해 언급하는 것을 어려워하는 경향이 있습니다. 대부분 작가는 작품 활동에만 집중하기에 이런 부분에 능숙한 갤러리스트와 같은 시장 관계자와의 대화에서 어려움을 겪습니다. 하지만 NFT를 통하면 작품의 가치를 부담 없이 책정할 수 있습니다. 이처럼 NFT는 여러 가지 측면에서 창작자에게 혜택을 주리라 기대됩니다.

블록체인 기술을 통해 불투명하고 불평등한 분배 구조가 개선되고, 기존의 예술 시장에서 갈증을 느낀 작가들이 모여들면서 NFT 시장은 빠르게 성장하고 있습니다. 그리고 주로 2차원에 머물던 예술 시장이 NFT로 인해 3차원으로 확대되며 작가들의 활동 영역 또한 넓어졌습니다. 3D로 구현되거나 인공지능 기술을 더한 다차원적인 작품은 감상자에게도 폭넓은 감상 기회와 다양한 작품을 선택할 수 있는 길을 열어주었습니다.

투명하고 평등한 방향으로 향하는 NFT 시장에 작가와 감상자가 모이는 것은 어찌 보면 당연한 현상입니다. 시장의 주체인 작가와 감상자가 새로운 영역으로 활동 반경을 넓혀가며 예술 산업 전체를 뒤흔들고 있습니다.

앞으로 NFT를 어떤 태도로 바라보아야 할까요? 한 걸음 더 나아가 메타버스 시대의 예술은 어떻게 변화할지 알아보겠습니다.

03
새로운 시대의
예술

과학과 예술의 결합

초기 NFT 아트는 현란한 색상과 복잡한 패턴의 사이키델릭Psychedelic한 느낌이 특징이었습니다. 사이키델릭이란 영혼을 의미하는 사이키Psyche와 시각적이라는 의미의 그리스어 델로스Delos에서 유래한 황홀한 상태를 가리키는 단어입니다. 예술에서 사이키델릭은 우리에게 강렬하고 환각적인 도취 상태를 느끼게 하는 형태나 색감이 표현된 것을 뜻합니다.

사이키델릭한 NFT 아트는 형광 도료처럼 강렬하고 자극적인 색감, 음향, 진동 등을 통해 우리가 느낄 수 있는 감각을 시각적으로 전달합니다. 색채가 풍부한 화면 구성은 생동감 넘치는 에너지를 전하고, 유기적인 곡선 형태와 패턴은 2차원적 표현을 3차원으로 느껴지게 만듭니다. 이렇게 강렬한 형태와 색감은 원거리에서도 식별하기 쉬우며 주목도를 높입니다. 또한 우리가 경험해보지 못한 영성을 느끼게 할 수도 있습니다.

이러한 특징을 가진 사이키델릭은 1960년대 '제도적 삶'에서 벗어나고자 하는 혁명적인 가치관에서 출발했습니다. 이 새로운 가치관은 안전 장비에 사용되던 형광 색감을 예술에 적용해서 비현실적인 세계를 표현하며 많은 예술가를 매혹시켰습니다. 사이키델릭은 음악과 패션 그리고 미술까지 다방면에 영향을 미치면서 하나의 문화를 형성하게 되었습니다. 문화를 기반으로 형성된 이념은 남녀노소, 세대와 관계없이 누구나 쉽게 이해하고 접할 수 있다는 장점이 있습니다.

사이키델릭은 예술과 과학의 연결을 보여주는 하나의 사례로 이야기할 수 있습니다. 기존 체제에 저항하는 시대정신과 과학 기술의 발전이 결합하여 탄생한 사이키델릭 문화는 NFT 아트의 기반이 되는 블록체인 정신과도 맞닿아 있습니다. 블록체인 역시 기존 체제의 억압에 반발한 시대정신을 담은 기술로 공정하고 투명한 사회를 지향합니다. 이러한 맥락에서 초기 NFT 아트의 사이키델릭한 표현을 이해할 수 있습니다.

새로운 이념은 문화를 통할 때 전달력이 더욱 높아집니다. NFT 아트는 그림과 조각 등의 전통 매체에 국한하지 않고 디지털 도구를 다루는 작가들을 흡수하며 예술의 범위를 확대하고 있습니다. 또한 손쉽게 복사할 수 있었던 디지털 콘텐츠의 입지를 견고히 할 수 있는 발판을 마련해주었습니다

NFT 아트의 독자적인 형식

현재 NFT 아트는 신규 참여자가 늘어나며 독자적인 형식을 만들어가고 있습니다.

첫 번째로, 창작자와 감상자의 사고에 변화를 주고 있다는 점입니다. NFT 아트는 전통 예술과 달리 온라인을 기반으로 국가의 경계를 넘나들며 감상자의 반응을 즉각적으로 접할 수 있습니다. 덕분에 하나의 작품이 다양한 관점으로 해석되어 여러 담론을 생성합니다. 이러한 담론을 통해 감상자와 창작자 모두 사고의 폭을 자연스럽

게 넓힐 수 있습니다.

　두 번째로, 다른 기술과의 연계입니다. NFT는 디지털 인증서라는 역할과 함께 AR(증강현실)Augmented Reality, VR(가상현실)Virtual Reality 기술로 현실과 상호작용하면서 작품을 감상하는 방식을 확장할 수 있습니다.

　그 예로 증강현실 스타트업 '데우스 엑스 아니마Deus Ex Anima'를 이야기할 수 있습니다. 아니마는 AR 기술을 사용하여 NFT 아트를 감상하고 공유하는 방식을 이전과 다른 관점으로 보여줍니다. 2021년 12월, 아니마는 스페인의 작가 뎀스키Demsky와 함께 AR 기술을 활용한 NFT 아트 컬렉션인 〈PHASE MN:01 Mirror〉를 출시했습니다. 대부분의 NFT 아트는 이미지 파일로만 볼 수 있습니다. 하지만 뎀스키의 NFT 아트는 AR 기술로 작품을 현실에서 3차원의 형태로 구현시키며, 입체적으로 감상할 수 있습니다. 이 작품은 특정 공간으로 작품을 이동할 수 있는데, 최대 8번까지 위치를 변경할 수 있습니다.

　이제는 고정된 작품을 감상자가 찾아가서 감상하지 않고, 감상자가 원하는 모든 공간에서 작품을 만나볼 수 있습니다. AR 기술 덕분에 이전과는 다른 방식으로 예술 작품을 즐길 기회가 마련되었고, 앞으로 현실과 가상세계인 메타버스를 연결하는 통로가 되리라 기대하고 있습니다.

우리가 경험하지 못한 새로운 세계를 과거의 기준으로만 생각하면 안 됩니다. 메타버스의 등장은 물리적인 삶보다 디지털화된 삶이 중요해지는 시점에 도래했음을 암시합니다. 이러한 시기에 예술은 과연 어떤 역할을 하고, 우리에게 무슨 영향을 미치게 될까요?

메타버스 시대의 예술

예술은 다양한 관점을 제시하는 철학과 같습니다. 새로운 담론을 형성하여 사고의 지평을 넓혀줍니다. 이 부분은 과거와 현재 그리고 미래에도 유효할 것입니다.

아직 메타버스는 하나의 개념으로 존재할 뿐 완벽하게 구현된 가상세계는 아닙니다. 그 때문에 메타버스가 기존에 존재하던 AR과 VR의 이름만 바뀌었으며, 단지 새로운 수익을 창출하기 위해 기업이 만들어낸 일시적인 유행에 불과하다는 의견도 많습니다. 그러나 시대의 흐름이 변하는 방향과 맥락을 함께 이해한다면, 일시적인 유행이 아니라는 사실을 알 수 있습니다. 현재 주요 산업과 서비스가 온라인을 중심으로 돌아가고 있으며, 젊은 세대는 디지털 정체성을 형성하고 온라인에서 자신의 영역을 확대하고자 노력하고 있습니다.

메타버스 시대를 앞두고 가장 매력적으로 다가오는 부분은 현실에서 불가능한 경험이 가능해진다는 점입니다. 메타버스의 시대의 예술은 아마도 작가가 창조한 공간에 감상자가 직접 들어가 작품을 온전히 즐기는 체험이 될 것입니다. 그곳에서 예술 작품은 말 그대로 살아 움직이고, 작가는 현장감을 높이는 데 주력할 것입니다.

기존에는 인터랙티브 아트Interactive Art라고 해서 작가가 특정한 입력값을 설정하고 감상자가 입력을 수행하면 작품이 변화하는 정도였다면, 메타버스 시대에는 감상자가 자율성을 가지고 가상세계의 다양한 공간을 자유롭게 돌아다니는 형식이 될 것입니다.

작가가 구성한 공간을 탐험하며 그 안에 배치된 사물의 위치를 바꾸면서, 작가와 감상자가 함께 작품을 만들어가는 예술의 형태가 가능한 순간이 다가오고 있습니다.

공감각이 강화된 예술은 단순히 눈으로 인식하는 것을 넘어서, 작품이 또 다른 세계가 되는 놀라운 경험을 보여주리라고 믿습니다.

예술은 더 이상 그림이나 조각처럼 한 분야에 한정되지 않고, 그 기준과 경계를 넘어서 서로 결합하는 방향으로 갈 것입니다. 한계가 없는 세계, '메타버스 아트'라는 새로운 장르의 탄생을 기대합니다.

소유를 넘어 가치의 공유로

시대의 흐름에 따라 예술에서 소유의 의미가 변화하고 있습니다. 과거의 소유는 작품을 구매해 소장하는 것을 뜻했습니다. 소유한 작품은 주로 개인 공간에 설치되어 홀로 감상하는 것이 일반적이었습니다. 개인의 자산이자 소유물이라는 개념이 지배적이었으며, 작품의 훼손에 대한 우려로 대중에 공개하지 않는 경우가 많았습니다.

    NFT 아트는 온라인을 기반으로 한 자유로운 연결과 소통 덕분에 진정한 예술의 대중화(민주화)를 만들어가고 있습니다. 다수가 함께하는 NFT 아트는 소유의 의미와 개념에 새로운 패러다임을 제시하고 있습니다. NFT 아트는 디지털 파일로 존재하기 때문에 물리적인 작품과 달리 이동과 훼손에 대한 염려 없이 작품을 공개할 수 있습니다. 또한 시간이나 지리적인 제약에서 벗어나 작품을 감상할 수 있도록 해줍니다. NFT 아트는 생각과 상징을 물리적인 작품이 아니라 현실에 존재하지 않는 디지털 파일에 담아냅니다. 이러한 디지털 파일의 거래는 예술 시장의 새로운 시점이 찾아왔음을 보여주는 지표로, 소유의 의미를 기존과 다르게 정의하게 만듭니다.

모든 자원이 풍족한 지금, 우리는 물질을 뛰어넘는 사상에 큰 가치를 두고 있습니다. 그러므로 예술에서도 형식보다 작가의 세계관이나 작품의 이야기 등 사고의 흐름을 확장할 수 있는 요소가 필요합니다. 이제 예술품은 감상자의 생각을 고취하고, 개념을 더 발전시켜나갈 수 있도록 해야 합니다.

NFT 아트의 개방성

예술은 확산될 때 가치가 더 높아집니다. 이제 예술은 폐쇄가 아닌 개방에 중심을 두고 모두가 향유할 수 있는 지점을 고민해야 합니다. 그런 의미에서 NFT 아트는 열린 의식을 보여줍니다. 그 대표적인 사례가 바로 유행 코드로 제작된 밈Meme을 하나의 독립된 콘텐츠로 인정했다는 것입니다.

밈은 진화생물학자 리처드 도킨스Richard Dawkins가 1976년에 출간한 『이기적 유전자』에서 처음 사용된 학술 용어로, 모방을 뜻하는 그리스어 미메시스Mimesis와 유전자Gene의 합성어입니다. 도킨스는 밈을 '인간의 유전자처럼 자기복제적 특징을 지니며, 번식하고 대를 이어서 전해져 오는 사상이나 종교, 이념 같은 정신적 사유'로 정의했습니다. 즉, 밈은 사람들 사이에서 구전口傳을 통해 재생산되는 모든 문화적 현상을 총칭합니다.

현재 밈은 단순히 재미있는 콘텐츠를 넘어 시대상을 보여주는 형태로 인식되며, 기존에 사용되던 용어에서 탈피하여 새로운 콘텐츠로 자리 잡아 일종의 놀이 문화처럼 확산되고 있습니다.

밈의 사례처럼 콘텐츠는 사람들에게 공유될수록 다양한 서사가 생겨나고 사회·문화적 영향력을 행사하기도 합니다. 그리고 기업에서 브랜드 마케팅으로 활용하는 것처럼 물리적 소유가 아닌 서비스와 같은 형태로 확장해

나가며 소유에 대한 인식의 변화를 견인하고 있습니다.

자유로운 소통과 가치의 공유

디지털 자산을 대표하는 NFT 아트는 이미 소유가 아닌 가치의 공유를 감상자와 컬렉터에게 제공하고 있습니다.

NFT 아트는 숫자와 영문이 조합된 하나의 코드로, 구매하면 코드를 부여받고 블록체인에 정보가 저장됩니다. 그런 탓에 코드 말고는 물질적으로 획득할 게 없어서 아무런 의미가 없다라는 의견도 있습니다. 그러나 NFT 아트는 물질이 아니라 정신적 가치와 개념을 구매하는 것입니다. 이러한 변화는 우리가 소비하는 방식을 바꾸고, 소유의 개념을 새롭게 정의합니다.

예술은 철학과 감성의 결합체입니다. NFT 아트를 구매하는 행위는 사유를 위한 매개체이자, 작가에 대한 지원과 사랑 그리고 작가와 유대감을 형성하는 '관계'를 의미합니다. NFT 아트는 기존의 예술 작품처럼 개인 공간에서 홀로 감상하는 게 아닙니다. 온라인에 공유해서 사람들과 함께 감상하고 다양한 담론을 만들어 나갈 수 있습니다. 이는 소유보다 공유에 무게를 둔 것으로, 예술 작품을 자본시장의 소유물이 아닌 공유제로 바라보는 새로운 관점을 제시합니다.

그동안 예술의 가치는 소수의 전문가 그룹이 주관적으로 가치를 결정했습니다. 그러나 NFT 아트는 모든 거래 이력과 정보가 투명하게 공개되어 대중이 가치를 결정할 수 있습니다. 더불어 NFT 아트 시장은 커뮤니티를 기반으로 자유로운 소통과 공유를 지향하며 예술의 민주화를 향해가고 있습니다. 이러한 변화 속에서 우리는 그동안 존중받지 못했던 가치와 그 의미에 대해서 새롭게 고민하게 되었습니다. 이처럼 모든 것에 대한 의미와 가치는 시대에 따라 달라지기 마련입니다.

이제 우리는 소비하는 행위에서 가치를 실현하고, 개인의 정체성을 형성하는 방향으로 나아가고 있습니다. 예술품에 대한 구매도 작품의 물질적 소유를 넘어 소통으로 이어지고 있습니다. 비슷한 가치관을 가진 사람들과 실시간으로 소통하고 다양한 담론과 정보를 생성할수록 예술품의 가치와 상징은 더욱 견고해질 것입니다.

20세기 최고의 화상畵商이자, 스위스 바젤을 세계적인 미술 도시로 만든 바이엘러 미술관을 설립한 에른스트 바이엘러Ernst Beyeler는 '예술은 소유하는 것이 아니라 공유하는 것'이라고 말했습니다. 바이엘러의 말처럼 예술은 더 이상 물질의 소유가 아니라, 여럿이 보고 나누는 공유로 전환되고 있습니다. NFT 기술을 통해 누구나 서로의 가치관을 자유롭게 공유하면서 예술이 확장성을 가지길 기원합니다.

2장
디지털 시대의
예술 경험

01

디지털 아트의
특징

미디어 아트의 탄생과 흐름

디지털 아트는 기술을 활용하여 제작한 예술 작품이나 작업을 통칭하는 용어입니다. 창작 도구나 전시 형태, 매체의 종류에 따라 디지털 아트, 비디오 아트, 미디어 아트 등 여러 가지 명칭이 혼용되고 있지만, 디지털 미디어에 기반한 예술 작품은 주로 미디어 아트라는 포괄적인 용어로 사용되고 있습니다. 미디어 아트는 작품을 구현하는 매체의 특성에 따라서 정해진다는 점에서 모든 작품에 적용될 수 있습니다.

미디어Media는 라틴어 미디움Medium의 복수형으로 무언가를 매개한다는 것을 뜻하며, 예술 분야에서는 재료라는 뜻으로 사용됩니다. 그러나 현재 미디어는 대중에게 정보를 전달하는 목적을 가진 매체를 의미합니다. 즉, 미디어 아트란 커뮤니케이션의 주요 수단인 컴퓨터, 사진, 영상 등 파급효과가 크고 전달력이 높은 매체에 예술을 적용한 것이라고 정의할 수 있습니다.

미디어 아트는 사회의 지배적인 문화에 도전하는 반문화Counter-Culture의 맥락 속에서 감상자와의 사회적 상호작용를 확장하는 게 중심이었습니다. 그런 탓에 NFT 아트처럼 획기적이고 반항적인 장르로 인식되어 초기에는 독립적인 예술 장르로 인정받지 못했습니다. 또한 역사적으로도 과거의 작품과 연관성이 부족하여 담론이 확장되지 못했습니다.

미디어 아트의 발전

공학 기술은 제2차 세계대전으로 급격하게 발전하기 시작했습니다. 당시 기술은 군사 장비의 개발만 가속했을 뿐 문화예술 분야에 적용되는 분위기는 아니었습니다. 전쟁 이후 기술이 일상생활에 점차 녹아들면서 예술가도 기술로부터 영감을 받았으나, 기술적인 미숙함으로 작품 활동이 원활하지 않았습니다. 이러한 이유로 예술가보다는 공학자가 기술을 예술적으로 탐구하는 경우가 많았습니다.

미디어 아트는 1960년대에 이르러서야 참여하는 작가들이 많아지며, 기술과 예술을 융합하는 다양한 시도와 긍정적 인식이 생겨나기 시작했습니다. 이때부터 미디어 아트는 기술, 정보, 커뮤니케이션 등 미래적인 관념에 주목했습니다. 그 밖에도 레이저나 조명 시스템과 같은 매체가 예술 작품에 사용되기 시작했고, 1970~80년대 예술계를 주도하며 대중에게 소개됐습니다. 미디어 아트로 유명한 백남준도 이때 활발히 활동했습니다.

이후 1990년부터 현재까지 웹브라우저의 개발로 소프트웨어와 예술이 융합되며, 디지털 요소와 디지털 미학이 계속 연구되고 있습니다. 기술로 구현된 작품은 이해하기 어려운 전통 예술과 달리 대중의 흥미를 유발하며 친숙한 매체로 자리매김하며 다각적으로 발전하고 있습니다. 덕분에 현재는 미술관뿐 아니라 기업이나 공공장소 등 다양한 곳에서 미디어 아트를 설치하며 가치를 인정받고 있습니다.

미디어 아트의 특징

미디어 아트는 디지털 미디어를 활용하여 제작이 이루어지는 점이 특징입니다. 이미지와 영상 그리고 음악을 포함하기 때문에 감상자는 생생한 느낌을 전달받을 수 있습니다. 또한 그래픽 프로그램 덕분에 다양한 변형과 조합이 가능해 제작 과정을 면밀하게 살펴볼 수도 있습니다.

미디어 아트는 영역이 세분화되어있습니다. 그중에 창작자와 감상자가 상호작용할 수 있는 인터랙티브 인스톨레이션Interactive Installation이 우리에게 가장 친숙합니다. 인터랙티브 인스톨레이션은 주로 관객이 참여하는 형식의 설치미술로 컴퓨터의 소프트웨어와 하드웨어적인 요소가 접목된 작품입니다. 감상자의 움직임과 환경 변화를 센서가 인식하여 작품이 재생되도록 프로그래밍되어 있습니다.

또 다른 분야로는 미디어 퍼포먼스가 있습니다. 미디어 퍼포먼스는 시각 예술보다 연극과 무용에서 활발하게 사용합니다. 예를 들어 프로젝션 매핑Projection Mapping 기술을 통해 무대 배경에 영상을 투사하거나 소품과 무대 장치에 홀로그램을 구현해서 한정된 공간에 다채로운 시청각 효과를 주기도 합니다.

　이외에도 동력을 통해 작품이 움직이는 키네틱 아트 Kinetic Art가 있습니다. 현재는 여기서 더 발전하여 가상의 공간을 실제처럼 느껴지도록 만드는 VR과 로봇을 이용한 로보틱 아트Robotic Art 등 기술의 발전과 함께 미디어 아트의 유형이 더욱 다양해지고 있습니다.

　인간과 기술의 만남, 거기에 예술이 더해진 미디어 아트는 감상자와의 소통과 참여를 최대로 끌어올린다는 점에서는 NFT 아트와 의미가 유사합니다.

예술 매체의 변화가 가져온 것

사람들이 정보를 받아들이는 매체가 종이에서 스크린으로 변화했습니다. 스크린으로 이동한 정보는 가로형 TV에 맞추어져 제작 및 소비되었지만, 이제는 모바일 중심의 세로 스크린으로 자리를 잡아가고 있습니다. 콘텐츠를 생산하는 기업과 작가 모두 모바일에서 콘텐츠를 공유하는 소셜미디어에 초점을 맞추고 있기 때문입니다.

이러한 흐름에 발맞추어 가전 업계에서도 세로에 최적화된 서비스를 이용할 수 있는 세로형 TV를 선보였습니다. 세로형 TV는 자유로운 스크린과 편리한 이동성을 자랑하며 2030세대에게 인기를 끌고 있습니다. 콘텐츠를 소비하는 형태가 변화하자 기업들도 이러한 흐름에 동참하며 세로형 콘텐츠의 제작과 소비가 가속화되고 있습니다. 이처럼 달라진 화면 비율은 우리에게 어떤 영향을 미치고 있을까요?

모바일 중심의 환경에서는 세로형 콘텐츠가 사용자 친화적인 형태로 받아들여지고 있습니다. 가로형 콘텐츠의 경우 양손을 사용해야 하지만 세로형 콘텐츠는 한 손으로도 조작할 수 있어 자율성이 높기 때문입니다. 또한 세로형 콘텐츠는 가로형보다 주목도가 높고 몰입이 잘 된다는 장점이 있습니다. 가로형 콘텐츠가 주로 다수의 사람을 함께 담아내는 게 중심이라면, 세로형 콘텐츠는 개인에게 집중합니다. 이처럼 세로형 콘텐츠는 촬영하는 방식뿐만 아니라 콘텐츠에 담긴 메시지의 전달 방법과 생활 방식의 변화를 보여주고 있습니다.

개인의 취향과 편의성 중심으로

지금의 변화는 사용자의 편의성과 개인화를 바탕으로 이루어지고 있습니다. 예술 또한 이러한 흐름과 같은 방향을 취하고 있습니다. 소셜미디어의 활성화로 예술가와 감상자가 직접 소통하는 일이 빈번하게 발생하며, 예술 시장을 이끄는 경매회사와 갤러리를 배제하는 방향으로 전체 구조가 바뀌고 있습니다. 경매회사와 갤러리는 영리를 추구하는 집단으로 작품의 판매를 극대화하기 위해 트렌드를 만들고, 일부 작가를 기획하거나 관리하기도 했습니다.

하지만 NFT 아트는 특정한 집단이나 개인이 시장을 선도하기 어려운 구조입니다. 왜냐하면 시장이 전 세계를 기반으로 움직여서 영역이 한정되어 있지 않기 때문입니다. 덕분에 NFT 아트는 개인이 온전히 자신의 생활 방식을 고민해보고, 추구하는 가치와 취향에 부합하는 작가와 작품을 선택할 수 있습니다.

개인의 취향이 강화되며 좋은 작품을 선정하는 기준도 달라지고 있습니다. 과거에는 예술가가 오랜 시간 구축한 세계관을 보여주는 작품이 높은 가치를 획득했습니다. 회화나 조각처럼 아날로그 매체를 사용하는 예술은 완성된 모습을 통해 메시지를 표현하기 때문에 대부분 고전 명화처럼 벽에 걸린 채로 정적인 형태를 유지하며 일방적으로 보이는 것에만 집중하고 있습니다. 하지만 모든 것이 빠르게 변화하는 현시점에서 예술가들이 추구하는 기존의 방식은 난해하거나 지루하고, 또는 권위적으로 느껴집니다.

새로운 소비 방식

이제 과거의 '사상'이나 '사조'에 머물러 있는 예술이 시대의 흐름에 맞게 변화해야 하는 시점입니다. 지금의 예술은 과거와 달리 디지털화로 역동성을 획득하고, 장르를 넘어서 자연스럽게 융합되고 있습니다. NFT 아트는 이미지와 음향 등이 어우러져 마치 영화를 감상하듯 우리가 예술을 접하는 방식을 바꾸었습니다. 우리는 NFT 아트를 통해 예술을 다층적으로 바라보며 종합적으로 판단할 수 있게 되었습니다. 이는 참여적이고 동적인 형식으로, 예술의 소비층과 소비 방식에 변화를 몰고 왔습니다.

우선 메타버스 시대의 소비층은 애호가와 대중의 차이를 좁혀나가고 있습니다. 누구도 시장의 흐름을 예측할 수 없는 상황에서 이들은 주체적으로 정보를 찾고 관심을 유감없이 표현합니다. 그리고 작품의 관람은 물론 수집에도 적극적이며, 작품이 다양한 형태로 발전된 관련 상품도 수집의 대상이 됩니다. 또한 작품에 대한 자기 생각을 표현하고 공유하며 예술을 소비하는 새로운 방식을 주도하고 있습니다.

그동안 예술을 소비하는 주체였던 애호가들은 전문가의 도움을 받고 독서를 통해 안목을 높였습니다. 하지만 새로운 소비층은 작품을 직관적으로 취사선택합니다. 이들은 취향이란 시간에 따라 변화한다는 사실을 알고 있기에 무언가에 몰입하다가 관심사가 다른 곳으로 이동하기도 합니다. 이처럼 NFT 아트는 시대의 흐름과 맞물려 예술을 대하는 우리의 사고와 태도를 변화시키고 있습니다.

공감과 소통이 핵심

NFT 아트는 예술과 일상의 경계를 허물고 장르와 시대를 넘나들며, 예술의 범위를 확장하고 있습니다. 창작자와 감상자가 적극적으로 활동하는 NFT 아트 시장은 생명력이 넘칩니다. NFT 아트는 창작자와 감상자의 거리를 좁히고, 함께 소통하며 움직이고 있습니다. 혼자만의 예술이 아니라 누군가와 소통하고 공유할 때 예술의 가치는 깊이를 더합니다.

NFT 아트는 누구든지 예술의 대상과 참여자가 될 수 있기에 쉽게 다가갈 수 있습니다. 기존의 예술은 공개적으로 노출된 공간에 있어서 타인과의 대화가 시작되었을 때 나와 다른 의견이 공격적으로 느껴지기도 하고 '내가 틀리면 어떡하지'라는 두려움을 느끼게 했습니다. 하지만 NFT 아트는 나만의 공간에서 작품과 만날 수 있습니다. 이는 온전히 작품에 집중하면서 더 깊이 생각해보는 시간을 가질 수 있게 합니다.

예술가의 감성에 공감하는 것을 통해 우리가 인식하는 세계를 넓혀 갈 수 있습니다. 온라인 세상에서 만나는 작품은 시간과 공간의 제한이 없기에 자유롭습니다. 국가를 넘나들며 작품을 감상하고 다양한 문화를 이해하며, 열린 마음으로 타인의 시각을 존중하고 공감하는 힘을 기를 수 있습니다.

NFT 아트를 시작으로 예술은 난해하고 어려운 것이 아닌 모두가 공감하고 소통할 수 있는 방향으로 흐르고 있습니다. 새로운 소비층은 작품의 내용적인 측면에서도 일상과 맞닿아 친숙하고 재미있는 콘텐츠를 선호합니다. 이전에는 예술을 이해하기 위해 사전 정보가 필요했지만, 이제는 직관적인 작품이 더 인기가 높습니다. 왜냐하면 소셜미디어에 공유했을 때 타인에게 쉽게 공감을 얻을 수 있기 때문입니다.

지식을 나누기 위한 기본적인 요소는 바로 소통입니다. 언어의 장벽을 넘어 이미지와 영상으로 공유된 콘텐츠는 새롭고 다양한 담론을 생성할 수 있습니다. 예술이 진정으로 추구해야 하는 공유와 다양성 존중이 NFT 아트를 통해 실현되고 있습니다.

02
메타버스 시대의
자기표현

자기표현과 소통을 위한 예술

자기표현은 인간의 원초적인 욕구 중 하나로 시대를 막론하고 변함없이 유지되고 있습니다. 인간은 감정 표출을 통해 타인과 관계를 맺고 사회에 참여하며 자기의식을 형성합니다. 또한 소유하는 물건을 통해 사회적 지위와 역할을 드러내기도 합니다. 자기표현은 타인과의 구별뿐만 아니라, 자신의 가치를 증명하여 중요한 사람이라고 인정받고 싶어 하는 욕구를 기반으로 합니다.

다른 사람들로부터 인정받고자 하는 갈망은 동기부여의 원동력이 되어 스스로 성장할 수 있게 도와줍니다. 과거에는 자신을 드러내는 것을 '관종(관심종자)'이라 지칭하며 격하했습니다. 그러나 이제는 자기표현이 하나의 능력으로 인정받는 분위기입니다. 자신의 생각과 취향을 당당하게 표현하는 이들은 우리에게 본보기가 되어줍니다. 이들은 자신의 감정과 욕망, 소망 등을 잘 이해하는 것은 물론이고, 자신이 추구하는 가치를 적극적으로 실현해 나갑니다.

과거에는 공동체의 구성원을 나이, 성별, 거주지 등 정량적인 지표로 규정했습니다. 거기에 개인의 의견은 큰 영향을 미치지 못했습니다. 그러나 우리의 생활권이 온라인으로 이동하며 시장과 고객, 개인의 만남이 세분화되고 있습니다. 개인의 다양성이 존중되고 동일한 취향과 미감을 가진 사람들이 쉽게 연결되고 있습니다.

이와 같은 환경에서 자기표현은 '어떻게 내 생각과 경험을 공유하고 소통할 것'인지를 기반으로 하고 있습니다. 현재 NFT 아트 커뮤니티가 이러한 변화를 잘 보여주고 있습니다. NFT 아트 커뮤니티는 작가와 컬렉터로 구성되어 있습니다. 이들은 공통된 사상을 가지고 의견을 나누며 동질감을 쌓아갑니다. 서로 정보를 교환하며 신뢰를 쌓고, 여기에 타인과 연결된다는 마음이 결합하여 커뮤니티 활동은 지속성을 갖게 됩니다.

NFT 아트 커뮤니티는 작가에게 목소리를 내는 것을 두려워하지 않습니다. 작가는 이러한 의견을 통해 작품에 새로움을 더하고, 컬렉터는 자신의 의견이 작품에 반영되는 것을 보며 작가와의 유대감이 강해집니다. 이렇게 완성된 작품은 컬렉터에게 마치 작가와 공동 작업을 진행한 것과 같은 자부심과 만족감을 선사하고, 작품에 대한 소유 욕구를 불러일으킵니다.

작가와 컬렉터의 상호작용을 통해 완성된 작품은 커뮤니티의 팬덤Fandom에 의해 자발적으로 홍보되고 거래됩니다. 이러한 활동은 NFT 아트의 가치를 높일 뿐만 아니라, 커뮤니티에 소속된 것에 자부심을 느끼게 하며, 선망의 대상이 되기도 합니다. 또한 커뮤니티만의 차별성을 가지며 개인의 정체성을 표현할 수도 있습니다.

NFT로 표현되는 정체성

다가올 메타버스 시대에는 NFT 아트처럼 온라인에서 개인의 정체성을 부각하는 방법이 더욱 다양해질 것입니다. 온라인에서 이뤄지는 소통은 비언어적인 부분을 상대가 확인할 수 없기에 감정 전달이 제한적이고, 화자가 전하고자 하는 메시지의 진정성이 훼손되기도 합니다. 이런 문제점을 해소하기 위해 이모티콘과 아바타가 등장했지만, 모두 획일화되어 있어 타인과 구별되고 싶은 욕구가 제대로 충족되기 힘들었습니다.

자기표현 욕구를 해소하기 위해 사람들은 새로운 방법을 찾기 시작했습니다. 대중에게 잘 알려지지 않은 특별한 장소나 사물을 직접 촬영하여 프로필로 사용하는 예도 있지만, 결국 모두에게 공유될 수 있기에 개인만의 특별한 정체성이 될 순 없습니다. 이러한 문제 해결의 중심에 PFPProfile Picture라 불리는 NFT가 있습니다. PFP는 소셜 미디어나 커뮤니티에서 프로필로 활용할 수 있는 캐릭터 형태의 디지털 아트를 지칭합니다. PFP는 제너레이티브 아트Generative Art 혹은 콜렉터블 아트Collectable Art라고 불립니다.

대표적인 PFP로 크립토펑크CryptoPunk가 있습니다. 크립토펑크는 2017년 미국의 라바랩스Larva Labs가 개발한 이더리움 기반의 NFT입니다. 요즘 주목받고 있는 NFT가 탄생한 배경이기도 합니다. 현재 크립토펑크의 NFT는 세계적 기업인 비자Visa도 구매했으며, 가장 비싸게 거래된 크립토펑크 NFT의 경우 750만 달러, 한화로 약 80억 원에 팔리기도 했습니다. 크립토펑크의 경우 NFT의 시작이라는 의미를 담고 있기에 큰 상징성을 가지고 있습니다. 더불어 높은 가격을 형성하고 있어서 소유자의 사회경제적 지위를 추측할 수 있습니다.

PFP는 알고리즘에 의해 설정된 몇 가지 옵션을 바탕으로 다양한 형태의 수백만 가지 이미지를 무작위로 생성합니다. 이처럼 PFP는 같은 조건 속 다른 조합을 통하여 생성되며, 각 작품은 희귀성을 가지게 됩니다. 동일한 이미지가 없기에 PFP를 통해 온라인 세상에서도 사회경제적 지위는 물론이고 타인과 구별되는 독특한 취향을 표현할 수 있게 되었습니다.

이처럼 메타버스 시대에는 NFT를 통해 자신의 정체성을 표현하게 될 것입니다. PFP와 같은 제너레이티브 아트를 기술의 발전에 따른 예술의 새로운 장르로 받아들이는 것에 대해 여러 의견이 있지만, 활발한 거래와 높은 가격으로 이슈를 만들면서 NFT 아트 시장에서 독립적인 입지를 다져가고 있습니다.

모두가 크리에이터인 시대

세계 최대의 미술품 경매회사인 크리스티Christie's에서도 크립토펑크의 특별 경매를 진행한 적이 있습니다. '크리스티 리포트'에 따르면 크립토펑크의 입찰자 33명 중 단 3명만이 기존 고객이었다고 합니다. 크리스티는 신규 고객을 확보하는 측면에서 크립토펑크와 같은 NFT를 예술의 한 장르로 인정한 것 같습니다. 하지만 전통적인 미술 업계에서 NFT 경매가 단순히 수익 창출만을 위한 선택은 아닐 것입니다.

크립토펑크가 이토록 주목받는 것은 최초로 경제적 가치와 교환을 할 수 있는 디지털 수집품을 대표하기 때문입니다. 크립토펑크와 비슷한 작품이 수없이 등장하고 있는 상황에서 NFT 아트가 투자 상품이 아니라 대중에게 새로운 예술 장르로 자리 잡으려면 문화와 정체성을 담아낼 필요가 있습니다.

앞으로 사람들은 콘텐츠를 소비하는 것에서 한발 더 나아가 모두 크리에이터가 되어 자신의 생각을 다양한 형식으로 표현하며 디지털 정체성을 형성할 것입니다. 개인이 가진 예술성을 드러낼 때 자기표현은 더욱 다채로워질 수 있습니다.

조만간 우리의 움직임과 신호를 세밀하게 포착하여 얼굴 근육의 변화와 함께 목소리와 제스처까지 디지털로 구현하는 시대가 온다면, 현재 선별적으로 자신을 드러내는 디지털 정체성을 넘어 완벽한 디지털 자아를 기반으로 소통이 이루어질 것입니다. 기술이 발전할수록 자기표현 욕구는 지금보다 복잡한 양상을 띠게 될 것입니다.

NFT 아트의 미학적 기준

NFT 아트는 작품의 생산, 매개, 소비 등 모든 영역에서 과거의 예술 시장과 다른 특성을 갖고 있습니다. 아직 초기 단계로 도전과 실험이 진행 중이며, 확립된 미학이 존재하지 않습니다. 경매회사와 여러 시장에서 판매되는 NFT 아트는 블록체인 기술을 통한 세계화와 디지털화의 결과로 미적 기준보다는 역사적 의미에 가치를 두고 판매가 이루어지고 있습니다.

이제는 이런 상징에서 벗어나 NFT 아트가 독자적인 예술 장르로 성장할 수 있도록 그에 어울리는 미학적 기준이 정립되어야 합니다. 이를 위해 NFT 아트가 가지고 있는 특징과 흐름을 살펴보고, NFT 아트의 내러티브Narrat ive의 형성과 결과물을 통해 NFT 아트의 미학이 성립하는 과정을 알아보겠습니다.

NFT 아트와 블록체인 정신

NFT 아트가 처음 시작될 무렵에는 중앙집권에 저항하며 자유를 갈망하는 일명 '블록체인 정신'이 돋보이는 작품이 주를 이루었습니다.

블록체인 정신을 대표하는 작가로 이탈리아의 단주츠Dangiuz가 있습니다. 그는 그래픽 디자이너이자 아트 디렉터로 조지 오웰의 『1984』와 영화 〈공각기동대〉 〈블레이드 러너〉와 같은 유명한 SF 작품에서 영향을 받아 디스토피아적이면서, 복고풍 미래 도시를 테마로 하는 작품을 통해 기술이 우리 삶의 중심에 있다는 것을 시사했습니다.

이처럼 NFT 아트 초기에는 1960년대 미국의 사회적 통념에 반대하는 히피 문화에서 보던 것과 같은 화려한 그래픽과 사이키델릭한 색채, 움직임이 가득한 작품이 주를 이루었습니다. 그러나 시장에 더 많은 작가가 참여하면서 마이너한 감성의 NFT 아트에 새로운 바람이 불기 시작합니다.

작가 지뭉크GMUNK는 현란한 NFT 아트에 정적이지만 강한 울림을 선보였습니다. 지뭉크는 우리에게 익숙한 자연 풍경을 아날로그와 디지털 기법이 혼합된 형식으로 표현하여 낯선 시선으로 바라보게 합니다. 그의 작품은 대상이 가지고 있는 고유한 분위기를 부각했고, NFT 아트에 움직임이 없는 정적인 작품도 감동을 전할 수 있다는 것을 보여주었습니다.

이후 본격적으로 NFT 아트와 전통 예술 사이의 간극을 좁혀주는 작품들이 출현하게 됩니다. 대표적인 작가로 과거와 현재 그리고 미래에 대한 가능성을 열어준 해커타오Hackatao가 있습니다. 이들은 디지털 아트와 전통 예술의 연결점을 보여주었습니다. 255년의 역사와 전통을 자랑하는 경매회사 크리스티가 레오나르도 다빈치의 희귀한 그림을 홍보하기 위해 해커타오에게 독점으로 작품을 의뢰했고, NFT 아트의 가능성을 탐구한 크리스티의 이러한 시도는 성공적이었습니다. 덕분에 전통 예술 애호가와 NFT 아트 컬렉터가 소통할 수 있는 경로가 만들어지면서, NFT 아트에 관심이 집중되었습니다.

기성 작가들의 참여

NFT 아트가 대중에게 알려지면서 참여하는 사람들이 급증했고, 이제는 신진 작가들을 넘어 기성 작가들도 NFT 아트 시장에 진출하기 시작했습니다. 그러나 NFT 아트는 여전히 탄생 배경이 가진 특성을 강하게 유지하고 있기에, 새로운 문법에 적응하지 못한 기성 작가들은 기존에 큰 성공을 거두었음에도 NFT 아트 시장에서는 통용되지 않았습니다.

실제로 일본 팝아트의 거장인 무라카미 다카시Murakami Takashi가 처음 NFT를 발행했을 때 오프라인과 달리 터무니없는 낮은 가격으로 경매가 진행되어 경매를 철회하는 사례가 있었습니다. 다카시는 트위터를 통해 블록체인과 NFT에 대한 탐구가 부족했음을 인정하며, 시장에 대한 조사를 진행한 후 다시 도전하겠다는 의사를 밝혔습니다(2022년 다카시는 아티팩트 스튜디오 RTFKT와 함께 NFT 프로젝트를 진행했고, 3D 아바타의 눈 · 입 · 헬멧 ·

옷 등을 디자인하며 성공적으로 NFT 아트 시장에 안착했습니다).

다카시 외에도 뉴욕을 중심으로 활동하고 있는 다니엘 아샴Daniel Arsham 역시 고전을 면치 못하고 있습니다. 그는 디올과 포르쉐 등 세계적인 기업과 협업할 정도로 유명한 현대미술 작가지만, NFT 아트 시장에서는 큰 반응을 얻지 못했습니다. 오프라인 경매에 출품되는 그의 작품은 천만 원대 이상을 호가하지만, NFT로 만든 작품은 백만 원대에 머물러 있습니다.

어떠한 이유로 이와 같은 차이가 발생하고, 디지털 시대의 흐름 안에서 미학적 인식은 어떻게 변화하고 있을까요?

예술을 위한 예술

예술의 역사는 약 300년 정도 되었습니다. 근대 이전에 예술은 창작자에 의한 작품이라기보다 생활 속에서 만들어진 결과물로 일상의 삶과 분리되지 않았습니다. 현대에 이르러서야 '예술을 위한 예술'이라는 개념이 등장하며 미학이 주목받기 시작했습니다.

　미학이란 아름다움의 본질을 연구하는 학문입니다. 아름다움의 정의는 시대와 문화에 따라 다르게 결정되며, 시대정신의 흐름에 따라 계속 변화합니다. 예술에 대한 기준과 목적은 변화하더라도 우리가 미를 생산하고 추구하는 것은 변함없습니다.

　과거에는 대체로 권력과 경제력을 가진 소수 계층이 예술의 생산과 향유를 독차지했습니다. 그러나 산업혁명과 정보혁명을 거치며 예술이 점차 대중화되기 시작합니다. 이후 예술은 하나의 산업으로 시장을 형성하며 전문가에 의해 작품의 가치가 규정됩니다. 그리고 예술 산업은 예술을 바라보는 특정한 시선을 만들어냈는데, 바로 작품의 가격에 따라서 가치와 완성도가 평가되는 것입니다. 그뿐만 아니라 작품을 감상하는 태도도 관습화된 경험에 의존하고, 창작 활동도 미에 대한 순수한 행위를 넘어 사회·문화적 흐름과 함께하게 됐습니다.

　지금은 디지털 기술의 발전으로 누구나 쉽고 편리하게 창작 활동을 할 수 있게 되었고, 권위 있는 기관의 전시에 참여하지 않더라도 작품을 온라인에 공개하고 판매할 수 있습니다. 예술의 주제와 형식이 다양해지면서 전문가가 아니라 대중이 예술의 생산자이자 소비자가 되어가고 있습니다. 이러한 상황에서 NFT 아트는 탈권위와 자율성을 내세우며 등장했습니다.

NFT 아트의 미학적 특징

온라인을 중심으로 하는 NFT 아트의 미학적 특징은 새로운 방향을 가지고 있습니다.

첫 번째는 바로 상호작용입니다. NFT 아트는 완성된 작품을 감상자가 일방적으로 수용하는 것이 아니라, 작품의 제작 전후에 작가와 의견을 주고받을 수 있습니다. 작가는 소셜미디어를 통해 작품의 제작 과정을 공개하며 다양한 의견을 취합합니다. 이를 통해 작가와 감상자는 깊은 유대감을 형성하며 작품의 이야기를 풍부하게 만들어 줍니다. 이제 감상자가 작가의 철학과 가치관에 공감하는 것이 소비의 기준입니다. 감상자는 소비를 통해 자기 생각이 실현되는 것을 간접적으로 경험하게 됩니다. 또한 작품을 감상하고 체험하는 경험은 개인을 넘어 소셜미디어를 통해 다른 사람들도 체험할 수 있는 형태로 변화해 소통을 가능하게 합니다. 이러한 상호작용은 예술을 일상과 동떨어진 것이 아니라, 일상적인 경험으로 존재할 수 있도록 변화를 가져왔습니다.

두 번째는 역동성입니다. NFT 아트는 회화와 조각처럼 고정된 작품이 아니라 움직임에 의해 의미가 완성되는 예술로 변화하고 있습니다. 작품의 형식적인 측면에서 보이는 역동성과도 관계가 있으며, 내용적인 측면으로는 예술이 정지되지 않고 흐르는 이야기 구조를 생성하는 것을 보여줍니다. NFT 아트에서 감상자는 정보의 교환자이자 참여자로 존재합니다. 이로써 작가와 함께 책임감을 느끼고 작품의 생성과 유통 및 소비에 기여하고, 관계성을 구축하는 행동주의적 미학을 만들어가고 있습니다.

세 번째는 비물질성입니다. 과거의 디지털 아트는 작품의 복제에 따른 가치의 하락과 희소성에 대한 이슈로 한계가 뚜렷했습니다. 그러나 기술의 발전과 함께 디지털 사물에 대한 인식과 경험이 디지털 경제의 확장과 디지털 아트의 호황으로 연결되고 있습니다. 이제 디지털 사물을 바라보는 우리의 태도에 전환이 일어나며 NFT 아트는 하나의 커뮤니케이션 수단이자 문화산업의 형태로 안착하고 있습니다. NFT 아트는 디지털 정보의 형태로 생산 및 배포되어 언제 어디서나 작품을 감상하고 공유할 수 있습니다.

비물질성의 가장 큰 특징은 아이디어를 중심으로 작품의 가치가 전환되었다는 것입니다. 이것은 그동안 화려한 작품의 이면에 있는 작가의 사상에 주목하게 되었음을 뜻합니다. 흔히 육체적 노동을 기반으로 한 작품과 달리 작가가 창작을 위해 소비한 시간과 과정은 결과에 반영되지 않았습니다. 우리는 지금까지 그러한 과정에 무관심했지만, NFT 아트로 온전히 작품에 담긴 작가의 사상과 메시지에 주목할 수 있게 되었습니다.

네 번째는 개방성입니다. 이는 작가와 감상자 모두에게 해당하는 것으로, 이전에는 예술을 하려고 하는 작가에게 암묵적으로 일정한 자격이 부여되어야 했습니다. 감상하는 것도 예술에 대한 지식이 많은 소수만이 즐길 수 있었습니다. 그러나 NFT 아트 세계에서는 누구나 창작자가 될 수 있고, 감상자는 취향과 가치관에 부합하는 작품을 선택하여 자연스럽게 자신을 드러낼 수 있는 구조가 만들어졌습니다.

NFT 아트는 미술사에 있어서 유화나 캔버스의 발명과 마찬가지로 창작과 유통 방식의 혁신을 불러왔습니다. NFT 아트의 특징을 관통하는 탈중앙화의 개념은 현재뿐만 아니라 미래에도 유효한 기술 산업의 핵심 주제로, 산업과 시장을 구성하는 모든 방면에 영향을 끼치고 있습니다. NFT 아트는 그러한 개념을 기반으로 새로운 미학의 기준을 세워나가고 있습니다. NFT 아트는 아직 가치의 기준이 명확하지 않고, 산업과 기술이 발전하면서 계속 변화할 것입니다. 그래서 섣부르게 규정짓기보다 여러 도전을 통하여 올바른 가치관을 형성할 필요가 있습니다.

정보와 교육을 넘어 예술의 향유로

온라인에서 작품을 접하는 것은 과거에도 가능했습니다. 2011년에 탄생한 '구글 아트 앤 컬쳐Google Arts & Culture'는 2,000곳 이상의 박물관 및 자료실과의 제휴를 통해 전 세계 유명 예술 작품을 온라인으로 소개하고 있습니다. 비슷한 플랫폼으로 프랑스, 독일, 스웨덴 등 유럽 33개국에서 2,200곳 이상의 기관들이 참여하는 디지털 도서관 '유로피아나Europeana'가 있습니다. 유로피아나는 문화유산을 갤러리, 도서관, 아카이브, 박물관으로 분류하여 소개하고 있습니다.

이들은 온라인에서 작품을 자유롭게 감상할 수 있도록 했으며, 3차원 형식의 영상이나 AR과 VR 기술을 활용한 전시를 진행했습니다. 또한 자신과 닮은 유명 초상화를 찾아주거나 촬영된 사진을 특정 화가의 스타일로 바꾸어주는 기능 등 재미있는 요소가 많이 있습니다. 이처럼 과거에도 존재했던 디지털 갤러리와 현재 가상전시Virtual Exhibition라고 불리는 메타버스 갤러리 사이에는 어떤 차이가 있는 걸까요?

우선 작품에 대한 접근 방식에서 차이가 있습니다. 구글 아트 앤 컬쳐와 유로피아나의 경우 실물 작품이 존재하고 있으며, 온라인에서는 구체적인 정보를 제공하는 것에 집중했습니다. 대부분 과거의 작품들을 고해상도로 보여주며 문화유산을 감상하는 것에 집중하고 있습니다. 이들은 박물관과 미술관을 간접적으로 경험할 기회를 제공하지만, 구글이 제휴한 작품 리스트의 분포도는 문화예술의 발전상과 함께 제국주의와 식민지의 역사를 반영하고 있습니다. 그런 탓에 역사 속에서 고착된 편견과 차별이 담겨 있습니다.

이와 달리 메타버스에서 구현된 갤러리에서는 동시대의 생생한 작품을 만나볼 수 있습니다. 작품들은 현재 유일한 원본으로, 실제 갤러리에서 작품을 감상하는 것과 같은 느낌을 받을 수 있습니다. 그리고 전시된 작품은 실제로 구매할 수도 있습니다. 작품을 감상하면서 나를 대신하는 아바타가 특정 제스처나 자세를 취하며 작품을 보고 느껴지는 감정을 표현할 수 있고, 전시를 관람하는 다른 관객의 아바타와 자유롭게 소통하며, 사진을 촬영하고 공유하며 현장감을 선사할 수도 있습니다. 메타버스 속 실시간 상호작용은 우리에게 현실에서 행동하는 것과 유사한 감정을 느끼게 합니다.

앞으로의 전시

현재 NFT가 여러 산업에서 활용되면서 기업과 갤러리도 앞다퉈 메타버스 공간에서 NFT 아트 전용 갤러리를 운영하거나 준비하고 있습니다.

크립토복셀Cryptovoxels은 메타버스 공간에서 갤러리를 운영할 수 있는 대표적인 플랫폼입니다. 크립토복셀은 뉴질랜드 출신의 독립 개발자가 만든 이더리움 네트워크를 기반으로 하고 있으며, 사용자는 크립토복셀에서 가상의 부동산을 구입한 다음 건물을 지어서 상점이나 미술관으로 활용할 수 있습니다. 또한 창작자가 작품과 함께 전시 공간을 직접 설계하며 전시회를 주체적으로 이끌어갈 수 있습니다.

예전에는 전시의 기획과 운영을 갤러리와 미술관에서 담당했기에, 작가의 뜻을 온전히 보여주기 힘들었습니다. 전시 공간도 작가 개인만을 위한 공간이 아니기에 작품의 의도와 다르게 진열되거나, 공간에 작품을 맞추어야 하는 역설적인 상황이 발생하기도 했습니다.

그러나 자유롭게 열린 메타버스 세상에서는 누구나 큐레이터가 될 수 있으며, 창작자가 직접 작품의 구성과 흐름에 맞춰 공간을 설계하고 전시를 선보일 수 있습니다. 이는 창작자의 다양한 가능성을 열어줌으로써 시장의 확장을 예고합니다. 그리고 전시 공간을 이끌어가는 역할과 구조도 같이 변화할 것입니다.

NFT 아트가 감상자를 만나는 방법

메타버스에서 활동하는 작가와 감상자가 늘어나자, 전통적인 기업들도 메타버스 공간으로 진입하기 시작했습니다. 메타버스에 첫발을 내디딘 곳은 세계적인 경매회사 소더비Sotheby's입니다. 소더비는 미국의 게임회사 아타리 ATARI가 디센트럴게임즈Decentral Games와 합작해서 만든 '디센트럴랜드Decentraland'라는 가상의 부동산 플랫폼에 경매장을 지었습니다.

　소더비는 메타버스 공간을 예술가와 수집가 그리고 대중이 교류할 수 있는 디지털 아트의 개척지라고 표현하며, 디지털 아트의 새로운 측면을 탐구할 것이라고 전했습니다. 이처럼 예술과 게임이라는 두 산업이 동시에 메타버스로 진출하고 있습니다.

오프라인에서도 NFT 아트가 본격적으로 예술 시장으로 진입하며, 국내외에서 다양한 NFT 아트 전시회가 개최되고 있습니다.

1970년, 스위스 바젤에서 시작한 아트 바젤Art Basel은 해마다 개최되는 국제 아트페어입니다. 다양한 국가를 대표하는 갤러리가 모여 작가의 작품을 선보이고 판매하는 행사로, 예술을 사랑하는 사람들이 가장 좋아하는 행사입니다. 아트 바젤은 권위 있는 예술 행사로 컬렉터와 예술가뿐만 아니라, 배우와 영화감독 등 수많은 유명인이 참석해서 사람들의 눈길을 끌기도 합니다.

긴 역사를 자랑하는 아트 바젤에서도 2021년부터 NFT 아트가 등장하기 시작했습니다. 2021년 12월, 아트 바젤 마이애미에서 〈인간+기계: NFT와 끊임없이 진화하는 예술의 세계〉라는 제목으로 본격적으로 NFT 아트를 선보였습니다. NFT 아트 작가들은 새로운 패러다임의 기술과 철학 그리고 예술의 의미를 토론하며 관람객에게 NFT 아트를 인식할 기회를 제공했습니다.

그리고 다른 아트페어에서도 NFT 아트의 위상을 확

인할 수 있습니다. 2021년 10월, 홍콩 디지털 아트페어에서도 NFT 아트와 몰입형 체험 작품이 주를 이루었으며, 작가와 다양한 전문가가 NFT 아트에 대한 담론을 펼쳤습니다. 2021년 11월, 크립토 아트페어Crypto Art Fair에서는 뉴욕을 기반으로 활동하는 NFT 아트 작가들의 작품이 타임스퀘어 전광판을 통해 전시되었고, AR을 통해서도 감상할 수 있었습니다. 함께 진행된 NFT 콘퍼런스에서는 NFT 전문가들이 모여 산업의 현재와 미래에 관해 이야기를 나누었는데, 대중의 관심이 집중되며 수많은 NFT 아트 작가가 모였습니다. 최근에는 진취적인 작가들이 모여들며 현대미술과 문화의 중심지로 떠오르고 있는 두바이에서도 국제 예술 박람회인 아트 두바이Art Dubai를 통해 NFT 아트 전시와 함께 암호화폐가 성장한 맥락을 확인할 수 있었습니다.

아직 가벼운 시작에 불과하지만, 아트 바젤에서의 전시는 NFT 아트의 중요성을 보여줄 기회로 작용함과 동시에 새로운 컬렉터를 유입시키며 시장의 확장과 변화를 기대하게 했습니다. 산업의 흐름을 바꾸거나 판도를 뒤집어 놓을 만한 결정적인 역할을 하는 사건과 사람인 게임 체인저Game Changer는 언제나 새로운 영역에서 탄생합니다. 기존 시장에 충격을 줄 정도로 혁신적인 아이디어는 기성 체제에서는 생각지도 못한 방식으로 새롭게 시장을 창조합니다.

NFT 아트 플랫폼

우리가 물건을 구매하는 온라인 쇼핑몰처럼 간편하게 NFT 아트를 거래할 수 있는 플랫폼으로 슈퍼레어SuperRare와 파운데이션Foundation이 있습니다.

2018년에 시작한 슈퍼레어는 NFT 생태계의 초기 선두주자로 NFT 아트 시장에서 오랜 경험이 있습니다. 슈퍼레어는 그 이름에서도 알 수 있듯이 단일 작품만을 판매하는 유일무이함을 강조하며, 작품의 검증에 심혈을 기울입니다. 자체 심사를 통과한 작가만 NFT를 발행할 수 있는 큐레이팅 시스템을 운영하기에 진입이 까다롭지만, 승인받은 작품들은 모두 고가에 거래되고 있습니다. 그러나 작품 검열에 부침을 겪으며, DAO를 중심으로 블록체인 정신에 걸맞게 조직 구조를 바꾸려고 하고 있습니다.

DAODecentralized Autonomous Organization는 '탈중앙화 자율 조직'으로 블록체인 기반의 프로젝트를 참여자들이 주체적으로 운영하는 것을 뜻합니다. DAO에서는 참여자들이 투표를 통해 규칙을 정하고 이행하는 새로운 형태의 조직입니다. 현재 슈퍼레어는 참여자와 함께 만드는 플랫폼으로 발돋움하고자 노력하고 있습니다.

슈퍼레어와 함께 부상한 파운데이션은 2021년에 오픈한 플랫폼이지만, 시장이 형성되던 초기에 예술가들의 지지를 받으며 급성장했습니다. 파운데이션은 작가들의 경쟁보다 협업을 중시하고, 참신한 작가와 작품을 발굴해 초대하는 방식으로 운영하면서 주요한 플랫폼으로 자리 잡았습니다. 현재는 초대장 방식을 이어가고 있지 않지만, 파운데이션이 추구했던 협업 중심의 문화는 계속 지속되고 있습니다. 이외에도 여러 NFT 아트 플랫폼이 계속 등장하고 있습니다.

NFT 아트는 앞서 살펴본 것처럼 대형 전광판이나 다수의 접근이 쉬운 장소 그리고 편리성이 높은 온라인상에서 전시와 홍보가 진행됩니다. 작품 구매에 대한 부담 없이 순수하게 감상할 수 있다는 것이 큰 장점입니다.

예술 작품이 박물관과 미술관에 머물지 않고 더 많은
사람에게 다가가 예술의 가치를 전할 수 있다는 것만으로
도 우리의 삶을 더 풍요롭게 만들어줄 가능성이 열립니
다. 이처럼 메타버스와 블록체인 기술은 예술의 디지털
르네상스를 열어줬습니다.

3장
기술이 바꾸는
예술의 가치

NFT 아트의
가치 평가

예술의 본질과 NFT 아트

우리는 모두 성향과 기호가 다릅니다. 하나의 주제를 가지고도 다양한 의견이 나오고, 하나의 작품에 대한 해석도 각양각색입니다. 그래서 모두가 동의할 수 있는 좋은 작품을 찾아내기란 쉬운 일이 아닙니다.

　　NFT 아트는 시시각각으로 변화를 거치고 있기에 좋은 작품에 대해 아직 뚜렷하게 정의를 내리기 어려운 부분이 있습니다. 하지만 좋은 작가에 관해서는 NFT 아트와 전통 예술 시장의 기준이 같습니다. 우선 좋은 작가란 작품을 통해 사람들이 평소에 생각하지 못하는 것을 느끼게 해주고, 인생의 조력자이자 친구처럼 우리를 위로할 수 있어야 합니다. 그리고 시류에 흔들리지 않고 자신의 철학을 작품으로 꾸준히 표현하는 작가가 NFT 아트에서도 좋은 작가로 이야기됩니다. 더불어 작가의 작품이 과거에서 현재까지 시각언어를 일관성 있게 보여주고 있는지도 중요합니다.

작가는 예술에 관한 태도가 한결같이 성실해야 합니다. 작품 속에서 전달하고자 하는 메시지가 명확하고, 그 의미가 감상자에게 전달될 때 좋은 작품이라 말할 수 있습니다. 예술품은 국가와 문화 그리고 개인의 취향을 벗어나 시대의 흐름을 반영할 때 미술사적 가치를 담아낼 수 있습니다.

명작은 시간이 지나도 의미가 의미가 퇴색하지 않습니다. 오히려 변화하는 시대의 문화와 역사성을 흡수하여 한 단계 높은 이야기를 생성해냅니다. 그렇다면 메타버스 시대의 예술인 NFT 아트는 어떨까요?

NFT 아트의 가치

NFT 아트는 기존의 예술 시장과 달리 신진 작가와 기성 작가가 같은 출발선에서 시작할 수 있습니다. 이제 단순히 비싸고 유명한 작품이기에 좋은 작품이라는 판단은 위험합니다.

작품의 가치는 작가의 독창적인 예술 언어로 독특한 감정을 끌어내는 것에서 비롯됩니다. 감상자는 좋은 작품을 판별하기 위해 일방적으로 학습된 감정과 생각에서 벗어나야 합니다. 감상자가 좋은 작품을 찾기 위해서는 작가가 사용하고 있는 시각언어의 근거가 타당한지 확인할 수 있어야 합니다. 이러한 근거는 작품이 확고히 정립된 세계관을 가졌는지 탐색해볼 수 있는 하나의 과정이자, 앞으로의 발전 가능성을 가늠할 수 있는 중요한 요소이기 때문입니다.

또한 NFT 아트는 기술과 예술의 결합을 보여주는 시대정신을 대변할 수 있어야 합니다. 예술은 시대적 상황과 분위기에 영향을 받습니다. 당대의 사회적 · 역사적 배경과 철학적 사상을 바탕으로 하나의 사조를 이룹니다. 그렇기에 NFT 아트도 하나의 예술 사조로 자리 잡을 수 있어야 합니다.

NFT 아트에 대한 담론과 미학을 창조하여 대중의 관심이 사라졌을 때도 NFT 아트가 존속이 가능한 가치를

품은 작품. 즉, NFT 아트라는 새로운 개념을 독자적인 방
향으로 발전시켜 나갈 수 있어야 좋은 작품이라고 말할
수 있습니다.

커뮤니티와 장르의 확장

NFT 아트의 가치를 측정하는 가장 중요한 요소로 커뮤니티의 역할을 이야기할 수 있습니다. 어느 시대에나 예술을 경제적으로 지원하는 든든한 후원자가 존재했습니다. 노블레스 오블리주로 알려진 이탈리아 피렌체의 메디치 Medici 가문이 예술을 적극적으로 후원하며 르네상스 미술을 꽃피운 것처럼, NFT 아트는 작가를 지지하는 커뮤니티가 후원자의 역할을 하고 있습니다.

NFT 아트 시장의 커뮤니티는 단순히 작가를 응원하는 것을 넘어서, 자기와 동일시하며 자신의 정체성을 투영합니다. 커뮤니티는 작가와 작품에 대한 정보를 교환하고, 정서적 유대감과 공동체 의식을 바탕으로 다양한 참여자들이 사회적 관계를 맺습니다. 그리고 작가와 활발히 소통하며 작품을 알리기 위한 홍보도 자발적으로 진행합니다. 커뮤니티 구성원들은 작품의 가격을 높이기 위해서가 아니라 작가를 진심으로 응원하고 작품을 사랑하는 마음으로 활동을 이어갑니다.

초기의 NFT 아트 커뮤니티는 정보 공유가 전부였지만, 최근에는 커뮤니티를 통해 사회적 지위를 획득하기도 합니다. 이러한 커뮤니티는 특정 작가의 작품을 구매한 사람들만 입장할 수 있는 메신저 채널을 운영하고, 전용 혜택을 제공하며 소속감과 결속력을 강화합니다.

그러나 정보를 투명하고 빠르게 공유하기 위해 만들어진 커뮤니티의 이면에는 여러 문제점도 있습니다. 우선 메신저 채널의 특성상 휘발성이 강해 내용을 기록으로 남기기 어렵습니다. 수많은 의견이 오고 가기에 자칫 중요한 내용이 묻혀버릴 수도 있습니다. 그리고 대부분 커뮤니티가 익명으로 운영되기에 논쟁이 격화되어 분위기를 해치는 일도 빈번하게 발생합니다.

또한 결속력이 강한 커뮤니티는 가입 조건이 까다로워서 신규 참여자가 진입하기 어려운 편입니다. 게다가 폐쇄성까지 강화되면 다양한 아이디어와 의견이 반영되지 못한 채 기존 참여자의 이권을 보호하는 집단으로 변모할 수도 있습니다. 극소수의 인원이 정보를 독식하면 결국 시장의 발전을 저해하게 될 것입니다.

NFT 아트 커뮤니티가 제대로 자리 잡기 위해서는 더 많은 참여자가 시장에 유입될 수 있도록 폭넓은 관계를 지향할 필요가 있습니다. 올바른 방향성을 유지해야 산업이 한 단계 발전하고 새로운 가치가 창조될 수 있습니다.

장르를 뛰어넘는 NFT 아트

NFT 아트는 내재적인 가치와 함께 예술의 형식에도 새로운 기준을 제시하고 있습니다. 과거에는 회화와 조각처럼 각 장르가 가지고 있는 재료의 특성이 강해 서로 융합이 어려웠습니다. 회화는 평면적이고, 조각은 입체적으로 작품을 표현해서 접근하는 방식과 형식에서 차이가 납니다. 그로 인해 장르를 넘나드는 작가가 많지 않았습니다.

그러나 디지털 프로그램으로 제작되는 NFT 아트는 작품의 형식에 제약이 없습니다. 같은 프로그램을 기반으로 제작되기에 회화나 조각처럼 재료에 대한 부담이 줄어들면서 다양성을 획득할 수 있게 되었습니다. 더 나아가 NFT 아트는 장르를 넘어 다른 산업으로 확장할 수 있습니다.

대표적으로 음악 산업과의 협업이 있습니다. 2021년 11월, 2D에 콜라주를 더한 3D 작품을 선보이며 활동하는 작가 콜디Coldie는 유명 래퍼인 스눕 독Snoop Dogg과 함께 협업을 진행하며, 스눕 독의 신곡이 포함된 NFT 아트를 선보였습니다. 스눕 독은 노래를 더 적극적인 방식으로 느낄 수 있다는 사실에 큰 영향을 받았고, 앞으로 더 많은 NFT를 준비하겠다고 밝혔습니다. 이처럼 NFT는 다양한 산업과의 협업을 통해 확장되고 있습니다.

NFT 아트에 대한 흐름은 해외에서 더 빠르고 다양하게 전파되고 있습니다. 국내에서도 전통적인 매체를 다루던 작가들이 NFT에 긍정적으로 반응하며 작품을 디지털로 전환하려고 노력하고 있습니다.

NFT 아트가 예술 분야에서 자리 잡고 견고한 시스템이 구축되면, 음악과 영상 등 여러 장르와 융합이 자연스럽게 이루어질 것입니다. 더불어 다양한 참여자가 유입될

수록 작가와 작품에도 선한 영향력을 발휘할 수 있습니다. NFT 아트가 하나의 문화로 인식될 수 있도록 건강한 생태계가 조성되기를 기대합니다.

예술품의
가치 변화

예술의 개념을 확장한 NFT

오랫동안 예술에서 기술이란 아날로그를 재현하며 과거를 답습하는 도구에 불과했습니다. 예를 들어 라틴어로 '어두운 방'을 의미하는 카메라 옵스큐라Camera Obscura가 있습니다. 카메라 옵스큐라는 기원전 350년경 아리스토텔레스의 저서에 기록되어 있으며, 기본 원리는 어두운 방에 뚫린 작은 구멍으로 들어온 빛에 의해 반대편 벽에 바깥 풍경이 거꾸로 비치는 것입니다.

카메라 옵스큐라는 화가 레오나르도 다빈치가 원근법 실험에 활용하며 점차 발전했습니다. 이후 카메라의 초점 부분에 유리관을 대고 밖에서 상을 보게 만든 카메라 루시다(투명한 방)Camera Lucida가 개발되며 예술의 보조 수단으로 사용됐습니다. 이때 카메라는 상이 찍히는 측면에 종이를 대고 공간이나 풍경을 더욱 완벽하게 그리게 해주는 도구에 가까웠습니다.

우리가 알고 있는 카메라는 1826년 프랑스의 발명가인 조세프 니세포르 니에프스Joseph Nicéphore Niépce가 빛에 의해 화학 변화를 일으키는 '감광感光 물질'을 발견하면서 탄생했습니다. 그는 헬리오그래피(태양에 의한 그림)HelioGraphy라는 최초의 사진을 찍었습니다. 1833년, 니에프스가 뇌졸중으로 사망한 뒤에는 동업자인 루이 다게르Louis Daguerre가 홀로 연구를 이어갔고, 1839년에 30분 만에 사진이 나오는 다게레오타이프Daguerréotype라는 카메라를 대중에게 공개했습니다. 그 당시 사람들은 카메라가 화가의 역할을 대체하리라 생각했습니다. 단순히 대상을 묘사하는 것으로는 카메라를 압도할 수 없었기 때문입니다. 이러한 현실을 인식한 화가들은 사물을 화폭에 재현하는 것을 넘어 사진이 할 수 없는 활동을 시작합니다.

사진을 본다는 것은 하나의 고정된 이미지를 보는 것입니다. 그러나 실제로 우리는 사물의 앞과 뒤, 측면까지 여러 시점으로 바라보게 됩니다. 이와 같은 시점을 재현한 화가가 바로 프랑스의 폴 세잔Paul Cézanne입니다. 세잔에게 본다는 것은 곧 이해한다는 의미였고, 이해한다는 것은 곧 생각한다는 의미였습니다. 그는 대상을 실제와 같이 묘사하고 모방하는 것이 아니라, 다양한 관계 속에서 조화를 찾고 새로운 시선으로 배열했습니다.

이때부터 화가의 내면에 있는 생각과 의도 그리고 감정이 적극적으로 표현되며, 혁신적인 작품이 나오기 시작했습니다. 새로운 기술에 의해 화가들은 위기에 처했지만, 덕분에 그림은 근본적으로 새 역사를 맞이할 수 있었습니다.

NFT의 등장과 확산

현대에도 포토샵과 일러스트레이터가 등장하며 유사한 현상이 일어났습니다. 1980년대 포토샵과 일러스트레이터가 처음 나왔을 때 이미지 편집과 과거의 작품을 디지털로 묘사하는 것에 그치며 기술이 가진 특성을 발휘하지 못했습니다. 그러나 점차 다양한 기능이 추가되면서 재현 도구를 넘어 하나의 독립적인 창작 도구로 자리 잡았습니다. 또한 기존에 존재하지 않았던 표현 방식이 가능해지며 작가들이 더 많은 시도를 할 수 있게 되었습니다. 현재는 이미지를 처리하는 방식까지 영향을 미치며 이미지 편집의 대중화를 이루었습니다. 이처럼 기술은 예술의 창작 환경뿐만 아니라 사람들의 사고와 행동 양식에도 변화를 가져다줍니다.

지금 우리가 마주한 블록체인 기술도 예술을 위한 것이 아니었습니다. 블록체인은 금융 기반의 암호화폐 이외에도 중앙집중형 서버의 단점을 보완할 수 있는 기술로, 자산과 기록물 관리에도 적용할 수 있습니다. 암호화폐가 유명해지면서 블록체인 기술을 알리는 데 큰 역할을 했지만, 사람들의 관심이 투자에만 치우쳐 있어서 기술의 잠재력과 가능성을 제한하고 있습니다.

블록체인 기술의 다른 가능성을 보게 된 것은 2015년부터입니다. NFT는 2015년 10월 이더리아Etheria 프로젝트를 시작으로, 11월 영국 런던에서 개최된 이더리움 개발자 회의인 데브콘Devcon에서 처음 공개되었습니다. 이후 라바랩스가 이더리움 네트워크를 활용하여 크립토펑크를 출시하며 NFT와 예술이 만나게 되었습니다.

NFT가 본격적으로 대중에게 알려지고 시장이 커지기 시작한 것은 2021년 3월로 보고 있습니다. 디지털 아티스트 비플이Beeple이 10초 분량의 비디오 클립을 약 785억에 판매한 것을 시작으로, NFT에 관한 관심과 거래량이 증가하기 시작했습니다.

새로운 가치 창출

블록체인 기술이 디지털 파일의 저작권과 소유권을 보장하면서, 위변조로 가치를 인정받지 못하던 디지털 콘텐츠가 자연스럽게 주목받게 되었습니다. 게다가 블록체인 기술은 단순히 디지털 콘텐츠의 원본을 인증하는 데서 그치지 않고, 불평등한 사회 구조를 흔들 수 있기에 지금처럼 영향력을 발휘하는 것입니다.

블록체인 기술은 개인들이 서로 신뢰하고 상호작용하게 만드는 사회적 기술이기 때문에 사회를 좀 더 공정한 방향으로 움직이게 합니다. 게다가 다양한 영역에 흡수되어 우리의 행동과 커뮤니케이션, 의사결정에도 변화를 주고 있습니다. 사진을 통해 예술이 재현이 아닌 표현의 시대로 넘어왔다면, 현시점의 기술은 우리의 삶 자체를 확장해주고 있습니다.

앞서 기술이 예술에 끼친 영향을 살펴봤습니다. 카메라의 발명은 예술을 바라보는 새로운 관점을 열어주었습니다. 포토샵과 일러스트레이터는 하나의 동사로 쓰일 정도로 문화적 영향력을 갖게 되었고, 누구나 기존의 것을 변형하거나 새로운 것을 창조할 수 있게 만들었습니다. 이제는 기술이 사물과 사람 그리고 사람과 사람의 관계를 넓혀주고 있습니다. 기술을 통해 깊은 정서적 연결이 만들어지고 사회관계가 확대되고 있습니다. 기술은 궁극적으로 우리의 삶을 더욱 풍성하게 만들어주는 가치를 창출합니다.

현재 예술은 기술과 함께 발전하는 방향으로 호흡을 이어가고 있습니다. 과거의 예술이 묘사력과 상상력이 중심이었다면, 지금은 함께 누릴 수 있는 영역에 가치를 두고 발전하고 있습니다. 누구나 작품을 감상할 수 있다는 것은 NFT 아트 시장의 큰 매력 중 하나입니다. 사회적 기술과 공평함을 추구하는 블록체인 정신에 기반한 NFT 아트는 탈권위적인 시대의 흐름과 맞닿아 있습니다.

이처럼 NFT 아트는 단순히 기술 발전에 따른 매체의 다변화가 아닌 시대사상과 직결되어 있습니다. 이러한 흐름이 쌓이면 하나의 사조가 형성되고 곧 새로운 예술 문화로 자리 잡을 것입니다. NFT 아트는 전 세계가 연결되는 시대적 배경을 담아 역사적인 의미를 만들어가고 있습니다.

미적 경험을 넘어서 미적 실천으로

NFT를 논할 때 흔히 메타버스까지 포함하는 경우가 많습니다. 메타버스는 앞으로 우리의 생활 방식이 온라인으로 완전히 이동할 수 있다는 사실을 보여줍니다. 메타버스 세상에서 경제와 문화예술의 근간이 될 NFT 기술이 가져올 예술 양식의 변화는 무엇이며, 미래의 예술은 어떤 역할을 하게 될까요?

　예술은 기술과 만나 매체가 가진 한계를 뛰어넘고 있습니다. 매체의 확장은 형식을 넘어 관계의 확대로 이어지는 것이 특징입니다. 예를 들어 시각 예술가와 청각 예술가가 만나 서로의 관점을 녹여내 새로운 페르소나 Persona를 만들어 활동하기도 합니다. 이들은 기존에 보지 못한 혁신적인 작품을 선보이며 감상자에게 새로움을 선사할 수 있습니다.

　기술의 발전은 단순히 새로운 예술 작품을 탄생시키는 것에 머무르지 않고, 감상자(사용자)에게 새로운 경험을 제공합니다. 기술이 우리의 행동과 산업의 흐름을 변화시킨 사례로 유튜브를 이야기할 수 있습니다. 유튜브의 등장과 함께 이제는 누구나 콘텐츠를 제작해 판매할 수 있는 시장이 열렸습니다. 개방된 시장과 함께 '유튜브 크리에이터'가 유망한 직업으로 인식되고 있습니다.

　유튜브 사용자는 브랜드나 미디어에서 구축한 세계관을 재구성하기도 하고, 기존의 콘텐츠에 개인의 생각을 담기도 합니다. 이러한 행동은 과거에는 위법으로 간주했지만, 지금은 콘텐츠에 더해진 개인의 생각에 공감하는 이들이 많아지고 있습니다. 현재 MZ세대는 K-POP 스타의 세계관이 녹아 있는 뮤직비디오나 가사를 해석해 콘텐츠를 제작하기도 하고, 영화나 드라마 속 세계관을 분석하는 등 기존의 스토리와 세계관에 대해 끊임없이 이야기를 나누며 콘텐츠를 재가공하며 확산시키고 있습니다. 이제는 역으로 재가공된 콘텐츠의 인기가 더 많아지는 사례가 발생하고 있으며, 기업들도 재가공된 콘텐츠를 활용하여 브랜드를 홍보하기도 합니다.

NFT 아트의 세계관 확장

여러 사람을 거친 콘텐츠는 하나의 산업에 머무르지 않고 장르의 경계를 넘나들며 새로운 사람에게 흘러가게 됩니다. 콘텐츠가 가진 이런 유희적인 요소는 사용자가 콘텐츠를 소비하지 않더라도 기꺼이 관심을 끌게 만듭니다.

블록체인 산업에서는 PFPProfile Picture 프로젝트가 이러한 현상을 그대로 반영하고 있습니다. PFP는 소셜미디어나 커뮤니티에서 프로필로 활용할 수 있는 NFT 아트를 지칭합니다. PFP는 코딩 기술을 이용한 컴퓨터 알고리즘을 바탕으로 기본적으로 설정된 몇 가지 옵션 위에서 무작위로 생성된 캐릭터 이미지입니다. 대표적으로 크립토펑크, 지루한 원숭이들의 요트클럽Bored Ape Yacht Club, BAYC 등이 있습니다. PFP는 프로필뿐만 아니라 특정 커뮤니티의 회원인 것을 증명하는 멤버십으로도 사용되고 있습니다. PFP를 멤버십으로 사용해서 구매자만 입장 가능한 파티나 전용 상품을 판매하면서 결속력을 다지는 흥미로운 현상이 확대되고 있습니다.

특히 BAYC의 경우 지적재산권Intelectual Property, IP을 제작자가 아닌 구매자에게 제공하여, 구매자가 이미지를 활용해 상업적인 활동이 가능하게 했습니다. IP는 창작물에 대한 소유권입니다. 대부분 기업이 IP를 보호하려고 힘쓰는 것과 달리 BAYC는 전례 없이 구매자에게 IP 사용을 허락하며 자율성을 부여했습니다. 그 결과 BAYC의 PFP 가치가 급등했고, 스포츠 브랜드인 아디다스가 BAYC의 PFP를 구매하여 자사의 운동화와 운동복을 입은 캐릭터를 판매하면서 실물 상품을 같이 선물하는 마케팅을 진행했습니다. 덕분에 아디다스는 선도적인 이미지를 갖게 되었음은 물론이고, 메타버스 세상으로 향하는 새로운 시작을 성공적으로 보여주었습니다.

NFT 아트 시장에서 이러한 행보는 기업이 아닌 개인도 가능합니다. 2021년 12월, BAYC의 PFP 구매자가 자신의 PFP에 이름을 붙이고 스토리를 더하여 새롭게 NFT를 발행한 사례가 있습니다. 그는 자신의 PFP가 희소성도 없고 주목받지 못해 스스로 PFP에 젠킨스Jenkins라는 이름을 붙이고 이야기를 만들기 시작했습니다. 그의 짧은 소설은 BAYC 커뮤니티에서 큰 호응을 얻었고, 이야기를 발전시켜 라이터 룸Writer's Room라는 프로젝트를 선보였습니다. 라이터 룸은 자기가 보유한 NFT의 가격에 따라서 소설의 제목, 스토리, 결말 등에 투표할 수 있는 권리를 갖는 것이었습니다. 이렇게 만든 소설과 프로젝트 덕분에 그는 정식 작가로 인정받아 미국의 크리에이티브 아티스트 에이전시Creative Artists Agency, CAA와 계약을 맺고, 현재 베스트셀러 작가인 닐 스트라우스Neil Strauss와 공동으로 소설을 집필하고 있습니다.

이러한 사례는 콘텐츠의 재가공 및 확산이 NFT 아트 시장에서도 유효하다는 것을 보여줍니다. 물론 BAYC의 경우 PFP의 상업적 활용이 가능한 덕분이지만, 다른 프로젝트에도 긍정적인 영향을 끼치고 있습니다. 하나의 콘텐츠로 세계관을 확장하고 재미난 요소를 더해 감상자의 결속력을 강화하는 흐름에서 볼 때, 이제 콘텐츠는 세계관과 함께 감상자와 실시간으로 상호작용하는 것이 매우 중요해졌습니다. 누구나 콘텐츠 속 이야기에 참여하고 자유롭게 소통할 수 있는 구조가 만들어진다면, 특정한 대상에만 매몰된 시장을 확장할 수 있습니다.

모든 개인은 자기 생각을 표현하고자 하는 욕구가 있습니다. 타인의 참여를 독려하는 과정이 견고하게 자리잡아 하나의 콘텐츠가 지속성과 발전성을 가질 수 있다면, 사회 · 문화적으로도 성숙하고 풍부한 세상이 될 것입니다.

03
NFT 아트 컬렉팅의
핵심

올바른 기준과 가치의 확립

고급문화로 여겨지던 예술은 가치를 결정하는 소수의 애호가를 중심으로 시작하여 주변부로 확대되는 것이 일반적이었습니다. 애호가는 예술에 지대한 관심을 가지고 다양한 작품을 감상하며 미적 안목을 견고히 만들어갔습니다. 이들은 자신의 안목을 자랑하며 이제껏 보지 못한 형태와 색채 그리고 작가들의 신선한 시도를 탐닉했습니다. 이렇게 예술은 소수의 애호가에 의해 작품의 가치가 정해진 채로 갤러리와 언론에 노출되고 이후 대중에게 소개되었습니다.

대중은 작품의 형식과 내용을 이해하지 못하더라도, 애호가가 정한 기준에 따라 좋은 작품으로 무조건 받아들여야만 했습니다. 심미적 가치가 내면화되지 않은 대중에게 고가의 작품은 언제나 난해하고 어렵게 느껴졌습니다. 그럼에도 불구하고 좋은 작품이라 일컬어지기에 자신을 합리화하며 작품을 구매하기도 했습니다.

그러나 이러한 방식은 대중이 스스로 작품을 감상하며 생각할 수 있는 여지를 차단할 뿐만 아니라, 개인의 다양성을 위축시키며 예술 시장의 표준화와 획일화를 초래했습니다. 이처럼 소비자인 대중이 원하는 작품이 일정해지면 작품 판매로 생계를 이어 나가는 작가들은 비슷한 작품을 제작할 수밖에 없고, 결국 시장에는 유사한 작품들만 남게 됩니다.

나만의 취향과 기준

미술관과 갤러리에서 작품을 감상할 때도 비슷한 현상이 자주 발생합니다. 사람들은 흔히 전시 기획자인 큐레이터가 주목하는 작품을 기대하고, 역사적으로 유의미한 작품은 꼭 감상해야 한다고 생각합니다. 그래서 넓은 전시장에서 유독 한두 작품 앞에 사람들이 모여 있는 것을 볼 수 있습니다. 전시 후기를 찾아보아도 대부분 같은 작품만 언급하고, 전시에 대한 인상도 하나의 결론으로 귀결되어 버립니다.

물론 작가와 작품에 대한 이해도가 높은 전문가의 의견을 귀담아들을 필요도 분명히 있습니다. 그러나 전시장에서 '나'는 어디에 있는 걸까요? 여러 작품을 감상하며 내가 어떤 작품을 좋아하고 무엇을 느꼈는지, 자신과의 대화를 먼저 시도해야 합니다. 사유의 과정과 선택의 중심에 자기 자신이 있어야 기준을 확립할 수 있습니다. 그렇다면 나만의 취향을 찾는 방법에는 어떤 것이 있을까요?

감상자가 작품에서 자기와 관련된 것을 연상하기 쉬울수록 작품과 친밀감이 형성되면서, 예술에 대한 관심을 싹 틔우고 유지할 수 있습니다. NFT 아트는 시간이나 공간의 제약이 없고, 감상자가 타인의 의견에서 벗어나 편안한 공간에서 작품을 마주하기에 더욱 솔직해질 수 있습니다.

현재 NFT 아트는 전문 큐레이터가 존재하지 않아서 스스로 정보를 찾아야 합니다. 다소 번거로울 수 있지만,

주체적으로 정보를 찾으면서 작가와 작품에 대한 이해도 가 높아지고, 좋은 작품에 대한 기준을 외부가 아닌 내부에서 발견할 수 있습니다. 내가 좋아하는 색채는 무엇이며 어떠한 형태를 선호하는지, 작품을 통해 자신의 감정과 취향을 이해하게 됩니다.

나만의 미적 기준을 탐구하며 자신을 알아가는 시간은 그 자체만으로도 의미가 있습니다. 투자적인 관점에서 벗어나 자신만의 미의 기준이 정립되고 작품을 마주할 때, 비로소 진정한 예술과 만날 수 있습니다.

공감과 공유 가치의 창출

기존의 예술 시장에서는 작품을 구매하기까지 심리적인 장벽이 존재했습니다. 언제나 조용하고 엄숙한 갤러리의 문턱을 넘어야 하는 것 자체가 경험이 없는 사람에게는 쉽지 않은 일입니다. 용기를 내어 갤러리에 들어가도 환영받는 느낌이 없으니 발걸음이 이어지지 않는 것은 어찌 보면 당연합니다.

NFT 아트는 심리적인 장벽을 온라인이라는 높은 접근성으로 해소해주었습니다. 온라인을 기반으로 운영되는 갤러리는 시간과 장소에 구애받지 않고 방문할 수 있으며 누구나 작품을 구매할 수 있는 발판을 마련해주었습니다. 이와 같은 방식은 대중과 예술의 사이를 좁혀주었습니다.

예술을 일상에 스며들게 만드는 예술의 대중화와 민주화는, 예술계를 장악하고 있는 지배자의 권위에서 벗어날 때 이룩할 수 있습니다. NFT 아트 덕분에 그러한 순간이 점점 다가오고 있습니다. 이제 예술은 열정을 담은 작품에 머무르지 않고 다양한 형태의 상품으로 재탄생하여 예술의 저변을 확대하는 데 큰 역할을 하고 있습니다.

산업을 발전시키는 것은 결국 소수가 아닌 다수입니다. 모두 함께 예술을 즐기고 소비할 때 예술 산업이 발전할 수 있습니다. NFT 아트는 소수를 벗어나 다수로 확장되고, 현재를 넘어 미래를 바라볼 수 있게 합니다. 또한 공간의 개념을 허물며 고여 있던 정보를 흐르게 해주었습니다. 덕분에 대중도 예술계의 트렌드를 놓치지 않고 이슈를 끌어내며, 이제는 애호가를 앞지르는 현상을 만들기도 합니다.

지금까지 예술 작품의 소비를 주도했던 애호가는 스스로 정보를 찾기보다 전문가의 도움을 받거나 오랫동안 거래를 이어오던 갤러리스트에게 의지하는 것에 익숙했습니다. 그러나 디지털 문화에 익숙한 새로운 소비자는 주체적으로 정보를 찾아 나서며 예술에 관한 관심과 수준이 전문가를 위협할 정도입니다. 이들은 기성세대와 달리 획득한 정보를 다수와 공유하고 가치를 더욱 확산시키는데 주력하고 있습니다.

소비 트렌드의 변화

무언가를 소유하는 것에서, 가치와 경험 그리고 생산자의 목적이 중시되는 방향으로 소비 트렌드가 변화하고 있습니다. NFT 아트는 이미 소유가 아닌 가치의 공유를 지향하고 있습니다. 우리가 마주하는 NFT 아트는 누구나 내려받아서 감상할 수 있고, 물질적으로 획득하는 것이 없기에 소장이 무의미하다고 생각할 수도 있습니다. 그러나 예술품이 가진 상징적인 가치는 소통을 통해 견고해집니다.

현대 사회는 모든 영역에서 실시간으로 소통하지 않고서는 생존할 수 없게 되었습니다. 이제는 쌍방향 소통이 가능한 소셜미디어가 새로운 유통 채널이 되었습니다. NFT 아트는 감상자에게 자율성을 부여하며 작품의 형식뿐만 아니라 접근성과 거래 방법에도 큰 변화를 불러왔습니다. 계층과 연령에 관계없이 음악을 듣고 정서적으로 교감하는 것처럼, 누구나 원하는 시간과 공간에서 작품의 가치를 공유할 수 있기에 NFT 아트가 예술의 대중화를 가능하게 만드는 것입니다.

작가와 작품을 고르는 법

예술에 대한 안목은 작가와 작품을 탐구하고, 가치를 이해하면서 형성되기 때문에 많은 시간이 소요됩니다. 그러나 짧은 역사를 가진 NFT 아트는 조예가 깊지 않아도 부담 없이 접근할 수 있습니다. 간단한 조사를 통해 NFT 아트를 선택하는 데 도움이 될 수 있는 요소를 소개하겠습니다.

첫 번째로 작가의 이력을 확인하는 것입니다. 활동 경력이 있는 작가라면 기존의 작품부터 살펴봅니다. 활동 기간, 전시, 협업 등을 토대로 시장에서 작가의 위치를 가늠해볼 수 있습니다. NFT 아트는 높은 개방성으로 관심을 이끌었기에 경력이 짧은 신진 작가들도 있습니다. 이런 경우에는 NFT 프로젝트를 진행한 기간과 작가 노트를 꼼꼼히 읽어보며 어떤 방향성을 가지고 지속할지 예측해야 합니다. 중견 작가의 경우에는 이미 상당한 작품을 보유하고 있으며, 기업의 의뢰로 제작된 작품일지라도 완성도를 통해 작가가 가진 잠재력을 가늠해볼 수 있습니다.

두 번째로 작품에 관한 연구가 필요합니다. 작품은 형식과 내용으로 구분할 수 있습니다. 형식이란 말 그대로 작품을 이루는 조형적인 요소인 형상이나 분위기, 선과 색채 등을 이야기합니다. 내용은 작품에 구현된 정서와 사상으로 작가가 전하고자 하는 메시지를 의미합니다. 일반적으로 작가들은 자신만의 형식을 만들기 위해 노력합니다. 마치 소비자에게 브랜드의 정체성을 각인시키는 것과 비슷합니다. 작가는 이러한 맥락에서 특정 사물이나 색채를 반복적으로 사용하여 대중들에게 작품을 선보입니다. 작가가 자신만의 형식을 확립했는지 꼭 확인해야 합니다.

세 번째로 메시지의 일관성을 확인하는 것입니다. 작품은 작가의 정신적인 산물입니다. 트렌드를 따른 작품이라면 잠깐 유행할 수 있지만 오래 유지되기는 어렵습니다. 그러므로 작가가 어떤 철학을 가지고 활동하는지 살펴보는 것이 좋습니다. 그래야만 작가가 자신의 세계관을 정립했는지 판단할 수 있습니다.

이렇게 작품을 구성하는 형식과 내용이 유기적으로 연결되어 이질감 없이 다가온다면 좋은 작가의 요건을 갖추었다고 할 수 있습니다. 이러한 요소들은 전통 매체를 다루는 작가들을 판별하는 기준과 크게 다르지 않습니다. 그렇다면 NFT 아트만의 특징은 무엇일까요?

좋은 작품에 필요한 것

NFT 아트는 기술적인 부분만이 아니라, 작품 거래에 사용되는 암호화폐 그리고 작가와 감상자가 함께 연결된 소셜미디어의 활용이 특징입니다.

컬렉터는 소셜미디어를 통해 자유롭게 소통할 수 있다는 장점을 살려 작가의 활동을 지켜보고 응원하며, 같은 미감을 가진 사람들과 의견을 나누며 작품의 기준을 확장합니다. 이러한 과정을 통해 작가와 컬렉터는 단단한 세계관을 구축해나갑니다. 그리고 대중의 반응이나 요청에 따라 세계관이 확대되고, 후속 작품에도 영향을 미치게 됩니다. 이와 같은 사이클이 반복되면 작가는 작품에 더 많은 서사를 담아낼 수 있고, 작가를 응원하는 컬렉터의 응집력도 높아집니다.

그리고 갤러리와 갤러리스트의 역할이 배제되어 있어서 작가가 작품의 홍보와 판매를 주체적으로 이끌어야 합니다. 이처럼 작가에게 새로운 역할이 요구되고 있기에, 커뮤니케이션에 능숙한지 작가의 성향을 확인하는 것도 좋은 방법입니다.

또한 과학과 예술이 결합하는 시대상을 반영하고, 격변하는 세계를 표현할 수 있어야 합니다. 예술은 당대의 사회적·역사적 배경 및 철학적 사상을 바탕으로 하나의 사조를 이룹니다. 그래서 NFT 아트가 하나의 예술 사조로 자리 잡을 수 있도록, 담론과 미학을 창조할 필요가 있습니다. 대중의 관심이 사라졌을 때도 존속할 수 있는 가치를 품은 작품. 즉, NFT 아트라는 새로운 장르를 독자적인 방향으로 발전시킬 수 있어야만 좋은 작품이라 이야기할 수 있습니다.

좋은 작가와 작품을 선별하기 위해 우리는 생각보다 많은 부분을 고려해야 합니다. 특히 감상자 스스로 작품을 바라보는 기준을 정립하는 게 중요합니다.

투자가 아닌 예술로

현재 NFT 아트를 투자적인 관점으로 접근하는 분들이 많습니다. 그러나 예술품은 취향을 타기에 경제적인 가치로만 판단하게 되면, 수익을 창출하지 못했을 때 단순한 기념품으로 전락해버릴 수도 있습니다. 좋은 작가와 작품을 발견하기 위해서는 감상자가 자신의 취향을 정확히 이해하고, 다양한 작품을 비교하고 감상하는 과정을 반복해야만 합니다. 그리고 자신만의 예술적 안목을 지켜내는 것도 중요합니다.

암호화폐 정보를 제공하는 플랫폼인 코인게코CoinGecko의 공동 창업자 바비 옹Bobby Ong은 "최근 NFT의 강세는 하락장에서 자산을 팔아 치운 암호화폐와는 겹치지 않는다는 것을 시사한다" "NFT 구매자들은 NFT에 대한 보다 강한 믿음을 갖고 있으며, 비 금융적인 이유로 NFT를 보유할 수도 있다"라고 말했습니다. NFT 컬렉터는 NFT 아트가 부를 과시하는 수단으로 사용돼서 사람들에게 부정적 인식을 심어주는 것을 견제하며, 그들만의 가치를 지켜내고자 합니다. 이러한 가치는 NFT 아트가 약세장에 돌입했을 때 더욱 빛을 발할 것입니다.

4장
NFT 활성화를
위한 과제

01

우려되는

NFT 열풍

NFT의 가치와 문제점

NFT는 디지털 파일의 원본성과 소유권을 증명하는 것으로 주목받고 있습니다. 이러한 속성 덕분에 훼손되지 않고 영원성을 보장하는 것처럼 전해지며, 예술품의 보존에서 발생하는 다양한 문제를 해결해줍니다.

예술 시장에서 가장 많이 거래되는 회화 작품은 보관할 때 온도는 20도, 습도는 55퍼센트를 유지해야 합니다. 습도가 높으면 작품에 곰팡이가 필 수 있고, 습도가 낮으면 작품이 말라서 바스러질 수 있습니다. 또한 작품의 변색을 방지하기 위해 자외선에 노출되지 않도록 각별한 주의가 필요합니다. 게다가 공기 중의 알칼리성 미립자가 작품을 훼손하기에 꼭 액자를 제작해야 합니다. 그래서 투자를 목적으로 구매한 사람은 작품을 감상하기보다 보존 상태를 최상으로 유지하기 위해 사설 업체에 작품을 맡기기도 합니다.

이처럼 미술품은 구매한 이후 보존에 신경 써야 할 게 많습니다. 작품의 이동에도 규격에 맞는 별도의 케이스를 만들고, 미술품 운송 업체를 통해 진행해야 안전합니다. 그러나 미술품 운송은 특수 운송으로 분류되어 비용이 많이 들고 작품의 크기와 이동 거리에 따라 추가 요금이 부과되기도 합니다. 그렇기에 NFT의 편리성이 컬렉터들에게 매력적으로 다가옵니다.

NFT의 결점

NFT를 구성하는 요소로 미디어 데이터Media Data와 메타 데이터Meta Data 그리고 스마트 컨트랙트가 있습니다. 미디어 데이터는 작품의 원본 디지털 파일이며, 메타 데이터는 제목, 장르 등 작품에 대한 설명이 기재된 데이터입니다. 스마트 컨트랙트는 설정한 조건에 맞춰 계약이 체결되는 것을 의미합니다.

NFT는 영원성을 자랑하지만 무결하지 않습니다. 기술적인 측면만 바라보면 거래에 관한 내용과 증명은 스마트 컨트랙트로 블록체인에 저장되지만, 미디어 데이터와 메타 데이터는 전송 수수료와 용량 문제로 블록체인이 아닌 외부 저장매체에 보관됩니다. 결국 NFT의 정보는 탈중앙화된 블록체인에 저장되지만, 작품 자체는 여전히 중앙집중적인 구조 속에 존재하게 됩니다.

그런 탓에 NFT 플랫폼이 운영을 중단하면 구매한 작품의 메타 데이터만 남고, 미디어 데이터인 원본 작품은 다시 볼 수 없는 문제가 발생할 수 있습니다. 이를 방지하기 위해 작품을 구매한 후 별도로 작품을 저장하는 것이 좋습니다. 하지만 문제는 여기서도 발생합니다. 디지털 저장 장치는 영원성을 담보하지 않으며 우리의 예상보다 훨씬 더 불안정합니다. 컴퓨터 하드디스크는 시간이 지나 노후화될수록 데이터를 보존하는 능력이 제한됩니다. 또한 구형 시스템에 저장된 데이터의 경우 새로운 시스템과 호환되지 않을 수 있습니다. 이처럼 데이터가 점진적으로 손상되는 현상을 비트롯Bit Rot이라고 합니다. 비트롯으로부터 작품을 보호하기 위해서는 컬렉터가 하드디스크 사용기간을 5년 정도로 유지하고, 주기적으로 데이터를 백업할 필요가 있습니다.

그리고 NFT는 발행 형태에 따라 희소성이 달라지기 때문에 '발행 표준안'을 꼭 확인해야 합니다. NFT 발행 표준안은 크게 ERC-1155와 ERC-721 두 가지 유형이 존재합니다. ERC는 NFT의 발행 규약을 나타내는 Ethereum Request for Comments의 약자를 뜻합니다. ERC-1155는 쉽게 설명하면 판화처럼 같은 작품에 각기 다른 번호를 부여하는 것과 비슷합니다. ERC-721은 모두 개별적인 가치를 지니기 때문에 대체 불가능합니다. 그렇기에 유일무이한 원화와 같은 희소성을 원한다면 ERC-721이 적합합니다.

또한 NFT는 구매할 때마다 가스 피Gas Fee라 불리는 수수료가 발생합니다. 작품을 구매할 때 가스 피가 자동으로 적용되고 네트워크 과부하가 발생할 때 추가 금액을 지불하는 방식입니다. 만약 수수료를 낮추려고 가스 피를 낮게 설정하면 전송 속도가 느려지거나 오류가 발생할 수도 있습니다. 안전한 거래를 위해서는 플랫폼에서 추천하는 수수료를 선택하는 것이 좋습니다.

이처럼 NFT는 기술적으로 불안정한 요소가 있으며, 시장이 단기간에 급성장하면서 중요한 부분들이 계속 달라지고 있습니다. 앞서 언급한 내용 이외에도 NFT가 사회적으로 어떤 문제가 있는지 여러 방면에서 살펴보겠습니다.

NFT의 잠재적 위험성

세상 모든 일에는 빛과 그림자처럼 양면성이 존재합니다. NFT는 우리가 잘 알지 못하는 기술적인 함정이 존재하기도 합니다. 그러한 사례로 이미 거래된 NFT의 원본 작품이 변경된 사건이 있었습니다.

이 사건은 너구리 NFT를 제작하고 발행한 '너구리 비밀 결사단Raccoon Secret Society'이 주도했습니다. 이들은 전용 홈페이지로 자신들을 적극적으로 홍보하며 NFT 플랫폼인 오픈씨OpenSea에서 예비 구매자에게 무상으로 NFT를 배포하며 주목받았습니다. 이러한 행보에 3,000여 명의 사람들이 너구리 NFT를 실제로 구매했습니다. 그러나 해당 NFT를 구매한 사람들은 수일 후 황당한 일을 경험합니다. 너구리 이미지가 전부 해골로 변한 것입니다. 어떻게 이런 일이 발생한 걸까요?

이후 너구리 비밀 결사단은 NFT가 희귀성과 예술성이 없는 허상이라는 메시지를 전하기 위해 프로젝트를 진행했다고 밝혔습니다. 현재 너구리 NFT를 구매한 사람들은 블록체인의 의미 없는 기록만 소유하고 있습니다. 왜냐하면 NFT를 구매하면 링크만 소유하고 원본 작품은 별도로 저장해야 하기 때문입니다.

너구리 비밀 결사단이 보여준 행보가 예술 테러리스트라고 지칭되는 영국의 현대미술 작가 뱅크시Banksy처럼 기존의 질서에 비판적인 시선을 피력한 것인지 아니면 사기에 불과했는지 여러 논쟁이 있었습니다. 그러나 너구리 비밀 결사단은 연결성을 갖고 프로젝트를 이어나간다고 전했습니다. 이러한 소식에 NFT 커뮤니티에서는 너구리가 부활할 수도 있다고 의견이 분분했고, 한때 해골만 남은 너구리 NFT의 가격이 급등하기도 했습니다.

이 사건처럼 NFT의 구성 요소를 담은 메타 데이터가 변경되면 컬렉션을 쉽게 종료할 수 있습니다. 만약 구매자가 작품을 별도의 하드디스크에 보관했다면 너구리

NFT는 그대로 남아 있었을 것입니다. 그러나 온라인상의 개인 전자지갑에만 보관하면 이러한 위험에 노출될 수밖에 없습니다. 너구리 비밀 결사단 사건은 국내에서 크게 언급되지 않았지만, 우리 모두 분명하게 숙지할 필요가 있습니다.

너구리 비밀 결사단은 메타 데이터의 변경이 가져올 NFT의 취약성과 위험성을 강조했습니다. 이들은 NFT 시장에 신중하게 접근하라는 메시지를 보내고자 했음이 분명합니다. 그러나 다수에게 손해를 입히며 자기 뜻을 전하는 방법에 대해서는 다시 생각해볼 필요가 있습니다.

현재 다양한 NFT 프로젝트의 가장 큰 문제는 이러한 위험성에 대한 안내 없이 구매자를 유인한다는 점입니다. 물론 프로젝트를 운영하는 작가도 기술적인 부분에 있어 완벽할 수는 없습니다. 그러나 과거에 일어났던 문제점을 인식하고, 구매자가 조심할 수 있도록 상기시켜줘야 건강한 NFT 생태계가 만들어질 수 있습니다.

NFT 거래 시 유의점

NFT 시장은 아직 명확한 법률과 제도가 뒷받침되고 있지 않아서, 작품을 구매할 때 각별한 주의가 필요합니다. NFT를 판매하는 플랫폼은 모두에게 열려 있는 공간입니다. 그래서 누구나 작품을 올릴 수 있고 저작권이 없는 작품을 구매할 수도 있습니다. 저작권과 관련된 사고가 자주 발생하고 있지만, 아직 뚜렷한 해결책은 제시되지 않고 있습니다.

현재 NFT 플랫폼은 시장의 확대에만 함몰되어 저작권 침해 사례와 잘못된 작품으로 인한 피해를 숨기기에 급급합니다. 지금으로선 작품의 안정성을 구매자가 스스로 판단해야 합니다. 그렇다면 NFT를 구매할 때 주의사

항과 현재까지 발생한 위험 사례는 무엇이 있을까요?

플랫폼의 진정성 파악하기

우선 NFT 플랫폼의 신뢰성을 파악해야 합니다. 플랫폼의 운영자와 NFT를 판매하는 작가의 신원이 불투명한 경우 소위 러그 풀Rug Pulls을 의심해 볼 수 있습니다. 러그 풀은 암호화폐 시장에서 개발자가 갑자기 프로젝트를 중단하고 투자금을 가진 채 사라지는 사기 수법을 의미합니다.

플랫폼과 작가의 신뢰성을 판단하기 위해서는 공식 계정을 확인할 필요가 있습니다. 플랫폼이나 작가는 트위터와 같은 소셜미디어를 통해 NFT 프로젝트를 시작하게 된 계기와 비전 등 다양한 정보를 알립니다. 트위터뿐만 아니라 작품의 세계관을 좀 더 깊이 나눌 수 있는 메신저 앱인 텔레그램이나 긴 글을 작성할 수 있는 웹사이트인 미디엄Medium 등 모든 공식 계정이 일치하는지 확인해야 합니다.

두 번째로 살펴볼 부분은 AMA를 수행한 적이 있는지 확인하는 것입니다. AMA는 'Ask Me Anything'의 약자로 플랫폼의 운영자가 온라인에서 직접 프로젝트를 소개하고, 운영계획을 발표하는 것입니다. 이를 통해 플랫폼의 잠재성과 신뢰성을 확인하고, 컬렉터의 궁금증을 해소하면서 관심도를 높이는 역할을 합니다. AMA는 대부분 온라인에서 비대면 미팅으로 진행됩니다. 불특정 다수에게 얼굴을 드러내는 건 쉬운 일이 아닙니다. 운영자가 얼굴을 공개한다는 것은 작품과 프로젝트에 있어서 진정성을 가지고 있다는 의미로 볼 수 있습니다.

지금까지 나열한 사항은 굉장히 사소한 부분처럼 느껴질 수 있지만, 주의 깊게 관찰하고 확인해야만 피해를 보지 않을 수 있습니다. 다음에는 실제 플랫폼에서 NFT를 거래할 때 발생하는 문제를 짚어보고 예방하는 방안도 알아보겠습니다.

가짜 계정과 해킹 문제

대표적인 NFT 플랫폼으로 오픈씨가 있습니다. 세계 최대 규모의 오픈씨는 디지털 아트, 음악, 가상 부동산, 게임 아이템 등 모든 종류의 NFT를 취급하고 있습니다. 누구나 NFT를 제작하고 판매할 수 있기에 사용자가 꾸준히 증가하고 있지만, 이러한 개방성을 이용하여 시중의 이미지를 도용해 소위 가짜 NFT를 발행하는 사용자도 있습니다.

오픈씨에서 일본의 게임회사 코나미KONAMI를 검색하면 두 개의 계정이 확인됩니다. 둘 다 배경 화면, 프로필 이미지, 소개 내용 등이 똑같이 기재되어 있습니다. NFT는 구매자에게 숫자와 영문 조합의 소유권 코드만 전달되기 때문에 작품은 누구나 내려받을 수 있습니다. 그런 탓에 가짜 계정이 나날이 증가하고 있습니다. 다행히 오픈씨에서도 트위터처럼 공식 계정임을 확인해주는 파란색 배지가 있습니다. 두 개의 코나미 계정을 좀 더 살펴보면 등록된 작품의 종류와 수량이 다른 것을 알 수 있습니다. 특히 코나미의 대표적인 게임 시리즈인 캐슬바니아Castlevania의 35주년 기념 NFT는 공식 계정에만 업로드되어 있습니다.

이외에도 거래를 위해 사용하는 암호화폐를 확인하는 것으로 공식 계정과 가짜 계정의 차이점을 발견할 수 있습니다. NFT 거래를 위해 일반적으로 사용되는 암호화폐는 이더리움입니다. 공식 계정은 이더리움을 사용하고 있으나, 가짜 계정은 폴리곤Polygon을 사용합니다. 암호화폐 중에서 기축통화의 역할을 하는 이더리움은 많은 사용자를 보유하고 있어서 높은 가격을 형성하고 있습니다. 하지만 폴리곤은 이더리움보다 가격이 싸면서, NFT를 발행할 때 수수료도 발생하지 않습니다.

그리고 NFT 프로젝트는 홍보를 목적으로 NFT를 무료로 지급하기도 하는데, 이러한 홍보 방식을 악용하여 무료로 주는 NFT에 악성코드를 심어서 전자지갑을 해킹하기도 합니다. 게다가 프로젝트 운영진 혹은 플랫폼 직원이라고 속이면서 사용자의 전자지갑 정보나 개인정보를 요구하는 사례도 있습니다. 이런 상황이 발생하면 반드시 플랫폼의 공식 서비스를 통해 상담받아야 합니다.

블록체인의 투명성이 해결책

새로운 비즈니스 문법을 만들어가고 있는 블록체인 시장은 우리가 예상하지 못한 문제를 가지고 있습니다. 하지만 블록체인의 장점으로 일컬어지는 투명성이 문제를 해결할 수 있게 도와줍니다.

블록체인에서 이루어지는 모든 거래는 이더스캔Ethers can에 기록됩니다. 이더스캔은 블록의 생성과 거래 등 이더리움 네트워크에서 일어나는 모든 활동과 정보를 확인할 수 있는 사이트입니다. 이더스캔의 기록은 개인이 임의로 삭제하거나 변경할 수 없습니다. 이더스캔을 통해 거래 이력을 확인하여 진짜와 가짜를 가려낼 수 있습니다.

또한 플랫폼의 누적 거래량을 통해 활성화와 영속성을 짐작해 볼 수 있습니다. NFT의 거래 지표는 대표적으로 댑레이더DappRadar와 크립토아트Cryptoart에서 확인할 수 있습니다. 크립토아트는 NFT의 가격, 판매량, 판매일까지 확인할 수 있습니다.

이러한 정량적 지표를 확인하는 것 이외에도 정성적 방법으로도 거래의 위험성을 낮출 수 있습니다. 바로 NFT에 애정을 가진 이들이 추구하는 가치를 이해하는 것입니다. NFT가 단순한 작품을 넘어 사고의 폭을 넓히도록 자극을 주는지, NFT 커뮤니티가 공지와 홍보를 위한게 아니라 구성원들이 의견을 주고받으며 성장과 발전을 위해 노력하는 곳인지 확인해야 합니다.

여기서 중요한 점은 커뮤니티의 개방성입니다. 만약 커뮤니티가 폐쇄적으로 운영되며 새로운 인원이 유입되는 것을 제한한다면, 공통의 관심사나 목적이 달라졌을 수도 있습니다. 건강한 커뮤니티라면 시스템을 구축하여 NFT를 활성화하고, 사회 참여를 통해 작가와 작품에 선한 영향력을 발휘하기 때문입니다.

NFT가 가져온
사회적 문제

잠들지 않는 NFT 시장

NFT는 미술, 음악, 패션 등 여러 산업을 자유롭게 넘나들고 혼합하면서 산업의 경계를 점점 희미하게 만들고 있습니다. 지금까지 NFT로 산업의 외연을 확장할 수 있는 긍정적인 측면을 많이 이야기했습니다. 이번에는 NFT와 블록체인 시장이 가진 양면성과 함께 개선안을 알아보겠습니다.

블록체인 시장은 다양한 종류의 디지털 자산이 24시간 쉬지 않고 거래와 등락을 반복합니다. 블록체인 시장에서의 하루는 한 달과 같다고 말할 정도로 정보의 순환이 매우 빠릅니다. 그런 탓에 개인들은 정보와 트렌드를 숙지하고 기회를 놓치지 않기 위해, 하루에도 몇 번씩 소셜미디어와 암호화폐 거래소에 접속해서 새로운 정보가 없는지 확인하고 있습니다. 게다가 24시간 열려 있는 시장으로 인해 강한 집착으로 이어질 수도 있습니다.

개인의 의사결정은 환경에 많은 영향을 받습니다. 블록체인 시장은 변동성이 크기 때문에 스트레스와 불안에 쉽게 노출될 수 있습니다. 지금처럼 NFT와 암호화폐의 개념이 올바르게 정립되지 않은 상황에서 개인은 불확실성에 따른 두려움으로 타인의 의견에 더 많이 영향을 받게 됩니다. 스스로 깊이 사고하지 않고 특정 집단의 기준에 동조하거나 사회적으로 권위 있는 인물의 의견에 복종하기 쉽습니다.

새로운 시대를 준비하는 시간

현재 NFT 시장이 어느 방향으로 흘러갈지 누구도 확신할 수 없습니다. 이런 불확실한 상황에서는 다른 사람의 행동을 무조건 모방하지 않는 것이 중요합니다. 단기적인 이슈와 정보에 현혹되지 않고, NFT 시장에 참여하는 목적과 접근 방법을 스스로 정립하는 것이 필요합니다. 또한 급급한 마음에 마구잡이식으로 정보를 취합하기보다 정보를 선별하는 능력을 키워야 합니다. 아무리 고급 정보라 하더라도 개인에게는 적합하지 않을 수도 있습니다. 정보의 중요성은 개인의 삶과 상황에 부합할 때 의미가 있습니다.

새로운 기술을 바탕으로 의미 있는 다양한 시도들이 나와야 사회가 진화할 수 있습니다. 하지만 기술의 발전은 인간 중심적일 때 의미가 있습니다. 인간을 중심으로 고려되고 상호작용이 이루어져야만 주류 기술이 될 수 있습니다. 현재 NFT 시장이 누군가에게는 혼란스러움으로 느껴질 것이고, 또 다른 사람에게는 기회로 느껴질 수 있습니다. 저는 이 시기가 더 나은 미래를 위한 기술을 만들어 가는 시간이라고 생각합니다.

NFT를 올바르게 정립할 수 있도록 자신만의 기준을 확립하고, 다가올 변화를 위해 스스로 그 기반을 튼튼히 다져 나가야 합니다.

불평등을 키우는 디지털 기술

디지털 기술의 발전은 우리에게 다양한 편의성을 제공하지만 소득 불평등을 심화하기도 합니다. 19세기 초반 영국에서는 산업혁명으로 기계가 널리 보급되면서 상인과 숙련공이 주도하던 수공업이 몰락했습니다. 소수의 자본가가 공장에서 제품을 대량으로 생산하는 시대가 도래했지만, 부의 재분배가 제대로 이루어지지 않으면서 빈부격차가 급격하게 벌어졌습니다. 삶의 질이 악화되고 고통이 커지자 기계와 공장을 불태우는 '러다이트 운동'이 일어나기도 했습니다.

현재 블록체인 기술로 인해 사회 전반에 걸쳐 다양한 위기 신호가 나오고 있습니다. 러다이트 운동이 일어났던

때처럼 디지털 기술 자산의 보유 여부에 따라서 불평등이 심화되고 있습니다. 블록체인의 도입은 아직 충분한 논의를 거치지 않았습니다. 블록체인이 우리 사회에 안착하려면 기술에 대한 사회적 인식을 높이는 동시에 모두에게 혜택이 골고루 돌아갈 수 있는 구조를 만드는 것이 중요합니다.

모든 계층에 대한 포용력 없이 개인 혹은 집단의 시선으로만 기술을 판단하고 접근하는 것은 위험합니다. 올바른 해결을 위해서는 문제를 제대로 인식해야 합니다. 블록체인의 가장 큰 문제는 높은 진입 장벽입니다. 블록체인은 모든 면에서 대중화를 위한 충분한 기능이 있음에도 불구하고, 아직 기업마다 사용법이 다 달라서 신규 사용자의 진입을 어렵게 만들고 있습니다. 이러한 격차는 지식과 정보의 획득을 통한 새로운 기회나 교류를 제한하면서 궁극적으로 사회적 불평등을 초래하게 됩니다.

블록체인이 필수적인 기술로 자리 잡으며 발생하는 디지털 격차는 중요한 순간에 산업의 쟁점으로 떠오르게 될 것입니다. 사용자와 기술의 간극을 좁히기 위한 노력이 필요합니다.

기업의 사회적 책임

블록체인 기술이 세상을 바꾸려면 산업 종사자들이 새로운 흐름에 적극적으로 참여해서 경제, 정치, 과학, 예술 등 여러 관점에서 기술에 대한 이해를 바로잡아야 합니다. 이는 금융과 게임 등 사용자의 참여가 가장 활발한 부분부터 시작하여 전체적으로 일관된 서비스를 제공할 수 있어야 합니다. 블록체인은 수평적 조직 구조와 권력의 분산 등 공평함에 깊은 갈증을 느낀 시대적 요구가 총집합되어 나타난 결과물입니다. 블록체인 사상이 흔들리지 않기 위해서는 소외당하는 사람이 결코 없어야 합니다.

그러나 블록체인 기술이 자본과 함께 움직이는 한 양극화 현상은 가속화될 수밖에 없습니다. 새로운 시대로부터 소외되는 계층이 발생하지 않도록 기업은 ESG 경영을 해야 합니다. ESG는 환경Environment, 사회Social, 지배구조 Governance의 약자로, 기업이 고객과 직원 그리고 사회를 위해 지속 가능한 발전을 추구하는 것을 의미합니다.

현재 각 기업은 블록체인 기술을 도입하기 위해 고군분투하고 있습니다. 기업의 수익 창출과 새로운 시장의 점유율 확대, 미래 산업에 대한 호의적 이미지 구축 등 다양한 이유를 거론할 수 있습니다. 하지만 블록체인 기술을 도입하려는 노력에 비해서 ESG 경영을 언급하는 경우는 거의 없습니다.

기업이 이전부터 주장한 '고객 가치'와 '사회적 가치'도 제대로 구현되지 않는 것을 보면, 앞으로 블록체인 기술이 완전히 도입되더라도 기업에서 ESG 경영을 실천할지 의문이 듭니다. 왜냐하면 ESG 경영은 고객을 중심으로 시작된 게 아니기 때문입니다. 기업에서는 홍보를 위해 이러한 가치를 외쳤을 뿐, 고객이 정말로 원하거나 필요한 부분이 무엇인지 고민하지 않았습니다.

기술을 가지는 것만으로는 변화가 일어나지 않습니다. 기술이 사회에서 무슨 역할을 하고 누구를 향해 있으며, 어떤 문제를 해결하고자 하느냐에 따라 변화가 시작됩니다. 이제는 진정성을 담은 기업들의 사회적 책임이 필요한 순간입니다.

인간 중심의 기술로

블록체인 산업에서는 사용자와의 연결을 위해 커뮤니티

매니저를 중심으로 프로젝트를 운영하고 있습니다. 커뮤니티 매니저는 기존의 소셜미디어 관리자와 다른 책임과 목표를 가지고 있습니다. 이들은 커뮤니티 지원 및 브랜드와의 중재자 역할을 하면서 온라인과 오프라인에서 브랜드의 존재와 신뢰감을 구축합니다.

소셜미디어 관리자와 달리 커뮤니티 매니저는 브랜드의 홍보가 아니라 커뮤니티의 개발과 운영에 중점을 둡니다. 그리고 사용자와 적극적으로 소통하며 트렌드, 질문, 문제 등 여러 의견을 수렴해서 기업에 전달합니다. 이러한 의견이 모두 채택되는 것은 아니지만, 사용자가 어떤 배경에서 그런 생각을 하게 되었는지 파악하는 것은 매우 중요한 일입니다.

블록체인 산업에서는 기업과 사용자의 신뢰를 기반으로 한 상호작용이 중요합니다. 이러한 상호작용은 존중을 바탕으로 하며 기업이 운영하는 프로젝트에 대한 믿음으로 확장됩니다. 결국 블록체인 산업이 성장하려면 소통을 통한 관계 형성이 필수입니다. 이러한 관계는 같은 가치를 추구한다는 믿음과 인간에 대한 기본적인 공감이 깔려 있어야 가능합니다.

블록체인이라는 신기술의 중심에는 사람이 있습니다. 블록체인 산업이 이토록 주목받는 이유는 우리 모두 존중받는 사회가 가능할 것이라는 기대감 때문이 아닐까요?

소수의 이익 추구 경험의 문제점

NFT의 가치와 필요성에 대한 논란이 계속되면서, NFT를 멤버십으로 활용하는 사례가 많아지고 있습니다. 첫 시작은 앞서 언급한 지루한 원숭이들의 요트클럽 NFT를 구매한 사람들을 대상으로 파티와 혜택을 선보인 것이었습니다.

이후 국내의 신세계가 신세계백화점에서 누릴 수 있는 구매 할인과 주차 서비스 등 여러 혜택을 내세우며 '푸빌라' NFT를 선보였고, 롯데에서도 전용 상품이나 롯데월드 파티 등의 행사에 참여할 수 있는 '벨리곰' NFT를 선보였습니다.

이처럼 NFT 구매와 함께 제공되는 경험은 제품의 특성을 분명하게 만들어줍니다. 구성원들끼리 공유할 수 있는 특별한 공간과 상품 그리고 서비스를 누릴 수 있기에 NFT를 멤버십으로 활용하는 현상은 더욱 가속화될 것입니다.

그러나 전용 혜택을 강조하는 것은 오히려 NFT 구매자의 배타적 성향을 부추길 가능성이 농후합니다. NFT를 통한 특수한 경험이 주류가 되면, NFT를 구매하지 않는 이들은 소외감을 느끼거나 다양한 경험의 기회를 놓치게 됩니다. NFT가 주는 경험이 단순히 유희적인 경험이 아니라, 사회 구조와 결부된다면 불평등과 인권의 문제로 이어질 것입니다.

이러한 문제는 예전부터 존재하고 있었지만 해결할 수 없었습니다. 왜냐하면 자본주의 사회에서는 더 많이 가진 자가 혜택을 누리는 게 당연하다는 의식이 팽배하기 때문입니다. 하지만 어느 시점에 이르러서는 누구나 자본주의 구조의 피해자가 될 수 있습니다.

자본주의의 문제점

미국의 경영학자 필립 코틀러Philip Kotler는 자본주의 사회의 일원이 문제점을 인식하고 구조를 개선해야 한다고 주장했습니다. 그는 자본주의의 최전선에 있었기에 오히려 불평등과 양극화에 관한 문제점을 더 깊이 인식했던 것 같습니다. 코틀러는 자본주의가 가진 문제점을 다음과 같이 정의했습니다.

1. 빈곤에 대한 해결책이 없다.
2. 소득 불평등이 심해진다.
3. 노동자에게 생활임금을 지급하지 못한다.
4. 자동화로 일자리가 없어진다.
5. 기업이 사회적 비용을 부담하지 않는다.
6. 환경과 천연자원이 남용된다.
7. 경기순환이 불안정을 초래한다.
8. 개인주의와 사리사욕을 강조한다.
9. 개인이 부채를 짊어지도록 조장한다.
10. 정치인, 기업이 시민의 이익을 저해한다.
11. 장기 투자보다 단기 수익을 선호한다.
12. 품질, 안전 등에 대한 규제가 미비하다.
13. 국내총생산GDP의 성장에만 집중한다.

14. 사회적 가치와 행복을 추구하지 않는다.

코틀러는 『다른 자본주의Confronting Capitalism』에서 자
본가와 일반 시민의 이해관계가 크게 엇갈리게 되면, 민
주주의가 자본주의를 이끌어갈지 자본주의가 민주주의를
이끌어갈지 결정해야 할 순간이 오게 되리라 예측했습니
다. 이러한 현상을 방지하기 위해 그는 사람들에게 물질
적 재화에 대한 건전한 욕구를 만들어주고, 사회적으로
좋은 일을 하도록 권장하는 것이 중요하다고 이야기합
니다.

앞으로 블록체인 기술을 이해하고 혜택을 누리는 사
람과 그렇지 못한 사람의 격차는 더욱 크게 벌어질 것입
니다. 지금이야말로 블록체인 기술의 올바른 문화와 방향
성을 설정하고 나아가야 할 때입니다. 그러기 위해서 다
양한 이해 주체들이 참여해 사회적 합의를 끌어내야 합니
다. 디지털 시대에 적합한 새로운 사회적 협약과 거버넌
스Governance의 필요성이 점점 커지고 있습니다. 거버넌스
란 정부의 일방적인 주도에서 벗어나 기업과 비정부기구
등 다양한 주체가 네트워크를 구축하여 문제를 해결하는

운영방식을 의미합니다. 개인의 창의성과 기술의 혁신을
가로막지 않으면서 사회를 보호하는 방법을 고민해야 하
는 시점입니다.

5장
기술, 예술,
인문학의 접점 NFT

01

NFT 아트와

인문학

예술의 바탕이 되는 인문학

지금까지 NFT가 지나온 과정과 문제점을 이야기했습니다. 아직 개념이 정립되지 않은 부분이 있음에도 NFT는 전통 예술과 달리 온라인에서 자유롭게 소통할 수 있는 구조를 기반으로 예술에 대한 접근성을 높여 참여자를 확대하고, 새로운 가치를 창출하며 미술의 대중화를 이끌고 있습니다.

예술이 무엇이며 어디까지 예술인지 그리고 어떻게 바라볼 것인지에 대한 기준은 개인마다 다를 수 있지만, 이제 예술이 가진 의미가 변화할 시점인 것은 분명합니다. 예술은 인문학의 영역으로 우리 주변의 일상적인 생활에서 비롯되는 경우가 많습니다. 예술가는 대부분 깊은 사색과 탐구를 바탕으로 작품을 구성합니다. 그리고 다양한 분야의 책을 읽고 여러 경험을 접하며 자신만의 철학을 단단하게 구축해 나갑니다. 예술가가 체득한 인문학적 깊이는 작품에 스며들어 새로운 차원의 예술을 만들어왔고, 동시에 감각을 더해 복잡한 과정을 직감적으로 느끼게 합니다.

이처럼 예술의 바탕이 된 인문학은 인간의 근원적인 문제와 관계성에서 출발했습니다. NFT 아트는 감상자와 예술가가 함께하는 경험을 바탕으로 관계에 대한 가치를 만들어 나갑니다. NFT 아트는 사람들이 소통할 수 있는 기회를 만들고, 커뮤니티를 통해 여러 사람이 함께하는 구심점 역할을 합니다. 앞으로 사회와 국가의 경쟁력은 개인이 어떤 가치를 가지고 사회적 관계를 맺고 있는지가 핵심적인 요소로 떠오를 것입니다.

새로운 기술은 우리 삶을 편리하게 만들었지만, 삶이 우리에게 던지는 질문을 해결해주지는 않습니다. 이를 해결하기 위해서는 인간에 대한 이해가 있어야 합니다. 블록체인 기술이 비즈니스나 산업에서 여러 편의를 제공했다면, 이제 인문학을 통해 블록체인 기술이 가져올 미래 사회와 인간의 변화에 대해 논의해야 합니다.

인문학의 가치

현재 4차 산업혁명을 이끌어갈 기술로 블록체인이 이야기
되고 있지만, 그 의미와 맥락이 사회적으로 제대로 규정
되지 않았습니다. 이런 상황에서 우리는 새로운 기술에
적응하는 능력과 유연한 정신을 가질 필요가 있습니다.
또한 새로운 개념을 이해하고 타인에게 명료하게 설명할
수 있는 능력을 갖추어야 합니다. 이러한 역량은 인문학
을 통해 키울 수 있습니다. 인문학은 논리적인 사고와 예
술적인 감각을 자유롭게 넘나들며, 새로운 가설을 세우거
나 숨겨진 가치를 밝혀낼 수 있습니다.

기술 중심의 시대에 우리는 인문학의 가치를 되돌아
보아야 합니다. 인문학은 기술을 단순한 도구가 아니라,
우리 삶에 새로운 가치와 문화로 자리 잡게 도울 수 있습
니다. 인문학은 다층적이고 모호해 보이는 사회를 심층적
으로 바라보는 동시에, 관점을 통합시킬 수 있는 토대를
제공합니다. 게다가 인문학적 사고는 우리에게 질문하는

힘을 선사합니다. 기술의 편의성을 넘어 '왜 지금 이 기술을 적용해야 하는지' 필연성에 관한 질문을 던지고, 우리가 가야 하는 실천적인 방향을 모색하게 합니다.

이제 NFT가 어떤 방식으로 사람들을 연결하는지 살펴보고, 그러한 변화를 어떻게 수용해야 할지 인문학적인 관점에서 들여다보겠습니다.

기록과 보존을 통한 체계화

인류는 사고를 시작하면서부터 기록에 대한 욕구를 느끼기 시작했습니다. 문자와 문명의 발생 이전부터 존재한 동굴 벽화와 그림 문자를 보면 인간이 가진 기록에 대한 욕구가 얼마나 강한지 알 수 있습니다. 인류는 기록을 통해 후대에 정보를 전달했습니다. 그림과 언어로 기록된 정보는 상징성을 갖고 사상이나 예술과 종교에 영향을 끼쳐 문화를 형성하기도 합니다. 이렇게 문화가 된 기록은 다시 변화를 거듭하며 유지 및 계승됩니다. 우리는 과거로부터 오랜 시간 축적되어온 기록을 활용하여 문화를 구성하고 발전시키고 있습니다.

그러나 모든 기록이 보존할 가치가 있는 것은 아닙니

다. 과거를 보고 미래를 예견할 수 있게 하는 중요한 사건만이 기록되고 있습니다. 우리는 무엇이 새롭고 중요한지 기록을 통해 판단합니다. 그만큼 기록은 산업 또는 개인의 역사에서 중요한 역할을 하며, 미래의 역사를 만들기도 합니다.

그렇다면 기술 중심의 시대에는 무슨 기록이 후대에 전해지고 어떤 관점으로 남게 될까요? 블록체인과 NFT는 새로운 화폐와 예술의 등장으로 역사에 기록될 것입니다. NFT는 현재 다음과 같이 정리할 수 있습니다.

NFT의 개념은 2017년 이더리움 기반의 디지털 프로젝트인 크립토펑크와 크립토키티가 화제가 되면서 대중에게 알려지기 시작했습니다. 2018년에는 NFT 플랫폼 슈퍼레어가 등장하면서 작가들이 전통적인 예술 시장을 벗어나 자유로운 환경에서 작업을 이어갈 수 있게 되었습니다. 덕분에 슈퍼레어는 대표적인 NFT 플랫폼으로 입지를 견고히 다져 나갔습니다. 2019년에는 슈퍼레어에서 꾸준히 작품을 선보이던 작가 콜디의 NFT가 고가에 판매되며 NFT 시장의 성장성을 보여주었고, 2021년 작가 비플의 NFT가 세계적인 경매회사 크리스티에서 약 785억 원에 낙찰되며 NFT가 완전히 수면 위로 떠올랐습니다.

장기적인 관점의 필요성

지금도 여전히 수많은 NFT가 등장하고 있지만, 아직 세계적으로 주목할 만한 이야기는 나오지 않고 있습니다. 오직 경제적 가치와 기술에 대한 전망만 있을 뿐입니다. 현재 NFT는 해당 작가나 기업이 얼마나 많은 팬덤을 구축했고, 소셜미디어 계정의 팔로워 수는 몇 명이며, 발행 이후부터 거래된 횟수는 얼마인지, 유명인의 구매 여부를 확인하는 것 등으로 성공을 진단하고 있습니다.

하지만 이러한 조건들은 정량적인 지표에 불과합니다. NFT가 역사에 기록되고 문화를 형성하기 위해서는 NFT의 성공이 무엇인지부터 다시 정의되어야 합니다. 새로운 기술이 경제, 사회, 문화, 윤리, 환경 등에 미치는 영향에 대해서 누구도 평가하고 있지 않습니다. 지금 시장에서는 천편일률적인 NFT 프로젝트들이 난무하고 있습니다. 대부분 유사한 형태의 NFT를 제작하고, 운영하는 방식마저 동일합니다. 미래에도 가치를 지속하는 NFT는 소수에 불과할 것입니다.

　NFT가 단지 경제적 가치에만 치중하여 기록된다면 과거 네덜란드에서 발생한 '튤립 버블'과 다를 바 없습니다. NFT를 다면적으로 기록하고 수집하여 총체적인 발자취를 남길 수 있어야 합니다. 지금 시장에서 일어나는 현상을 따르기보다 장기적인 관점에서 기술의 사회 · 문화적 가치에 집중한다면 차별점을 가져갈 수 있으리라 생각됩니다. 차별점을 가진 프로젝트만이 역사에 기록되어 미래 세대에게 NFT를 계승할 수 있을 것입니다.

디지털 환경에 따른 인문학의 역할

디지털 시대에 인문학은 어떤 역할을 할 수 있을까요? 인문학은 사회, 철학, 문학 등을 중점적으로 다루기에 기술의 대척점에 있다고 생각하기 쉽습니다. 그러나 인문학은 삶의 근본적인 문제에 대해 고찰하면서, 성숙한 사회로 나아가기 위해 기술이 어떤 방향으로 발전해야 하는지 알려줍니다.

우리는 인문학을 통해 개인과 사회를 구성하는 다양한 주제를 탐구하며 문화의 발전을 이룩할 수 있습니다. 이처럼 인문학은 문화산업을 이끌기 위해 초석을 다지는 역할을 합니다. 과학 기술은 인간의 내면을 분석하여 삶의 질을 높이는 방향으로 나아가기 때문에 기술이 발전할 수록 인문학의 중요성도 함께 강조되고 있습니다.

인문학이 텍스트에 머물지 않고 기술 및 예술과 결합하면 디지털 시대에 맞는 새로운 스토리를 탄생시킬 수 있습니다. 이때 비로소 디지털 인문학이 자리 잡을 수 있습니다. 디지털 인문학이라는 단어의 조합이 다소 낯설게 느껴지지만, 새로운 방식이 등장했다는 의미로 해석할 수 있습니다.

인문학적 가치를 담아낼 기술은 충분히 성숙기에 도달해 있습니다. 작품을 제작하는 대다수가 공통된 프로그램을 사용하거나 전문 개발사에 위탁하여 제작할 수 있습니다. 비슷한 환경에서 제작되는 결과물은 인문 지식을 바탕으로 하는 창의적인 스토리와 세계관으로 차별됩니다.

그렇다면 인문학을 어떻게 디지털 환경에 어울리는 콘텐츠로 발전시킬 수 있을까요? 인문학은 지식을 정보화하여 체계적으로 관리하고, 산업적으로 응용할 수 있도록 스토리의 흐름을 만들 수 있습니다. 이것은 곧 지식이 문화가 될 수 있음을 의미합니다. 인문 지식을 토대로 탄탄하게 구축된 아이디어는 미디어를 통해 위력을 발휘할 수 있습니다.

인문학의 방향성

인문학은 방대한 역사적 사실을 기반으로 해당 지식을 점진적으로 알아갈 수 있도록 유도할 수 있습니다. 『빅데이터 인문학』에 따르면 인류가 지금까지 축적해온 도서관이나 박물관의 옛 문헌들, 그림과 지도, 심지어 유물과 유적까지 디지털 세계로 진입하면서 '빅데이터'가 되고 있다고 이야기합니다. 이러한 빅데이터가 인문학의 새로운 지평으로 이끌고 있기에, 인간을 이해하려면 이제 책을 넘어서 데이터를 읽어야 한다고 주장합니다.

즉, 디지털 시대의 인문학은 과거의 기록을 조합하고 편집하여 새로운 스토리를 구성할 수 있어야 합니다. 또한 방대한 지식을 구조화하고 데이터화해서 정보를 분석하고, 개인의 견해를 더해 새로운 가치를 창출해내야 합니다. 이러한 과정을 통해 인문학은 기술뿐만 아니라 문화 콘텐츠의 발전과 생산을 도울 수 있습니다. 이렇게 생산된 문화 콘텐츠는 인문학에 대한 사회적 수요를 증가시키고, 인문학이 더욱 활성화되는 선순환 구조를 만들 수 있습니다.

이제 우리가 세상을 보는 방식이 변하고 있습니다. 디지털 시대의 인문학은 지식을 더 많은 사람이 재미있게 공유하고 소통하고 응용할 수 있도록 변모해야 하며, 인문학을 통해 문화예술계가 필요로 하는 지식을 더욱 풍성하게 생산해내야 합니다.

02
NFT의 미래와
기회

미래의 예술 NFT

NFT는 금융을 넘어 거의 모든 분야에서 주목하고 있습니다. 단순한 디지털 증명서를 넘어 예술, 게임, 음악, 웹툰 등 모든 디지털 콘텐츠를 암호화하여 보호하고 자산화할 가능성을 열어주었습니다. 앞에서 NFT가 새로운 문법으로 예술 시장을 개척할 수 있었던 이유를 설명했는데, NFT의 특징을 다시 한번 정리해보겠습니다.

첫째, NFT는 예술 시장의 고질적인 위작 문제와 시장의 관료주의적 시스템을 신뢰성과 투명성으로 해소할 수 있습니다.

둘째, 예술 시장의 높은 진입 장벽을 무너뜨려 신진 작가의 참여 및 애호가를 전문가로 성장시키며 시장을 확대하고 있습니다. 또한 중개 절차를 간소화하여 거래 비용을 감소하고 소셜미디어와 같은 새로운 유통 채널을 개척하며 시장의 구조와 형식을 평등하게 바꾸고 있습니다.

셋째, 온라인 기반의 즉각적인 소통이 가능한 환경 덕분에 접근성을 높여 참여자를 확대했습니다. 또한 예술로 경제 활동을 보호받을 수 있도록 작품의 재거래 수익을 보장하는 시스템을 구축하고, 오프라인과 온라인을 넘나들면서 예술의 범위를 확장하고 있습니다.

마지막으로 예술이 더 이상 무겁고 진지한 개념이 아닌 우리에게 친근한 '밈'과 같은 콘텐츠의 형식으로 진화하여 새로운 경험을 제공하고 있다고 언급했습니다.

NFT는 거품에 불과하다는 우려를 잠식시키고, 효율성과 가능성을 보여주며 여전히 세계적인 화두로 이야기되고 있습니다. 이제 NFT는 다가올 메타버스 세상의 경제와 문화를 움직일 중요한 요소로, 각 국가와 기업이 거시적인 관점으로 NFT의 성장을 도모하고 있습니다. 그러나 NFT를 발행하는 과정에서 일어나는 환경 문제와 대중의 낮은 이해도 등 해결해야 할 여러 과제를 가지고 있습니다. NFT 시장에 참여하는 개인과 기업이 늘어나고, 가치가 성장하는 만큼 크고 작은 문제점에 대한 해결책도 함께 모색해야 합니다.

우리는 NFT가 다시 도약할 시점에 맞춰 더욱 성숙한 자세로 새로운 가치를 만들어가야 합니다. 그러기 위해서 개인은 각 산업의 정보와 지식이 연결되는 맥락을 이해할 필요가 있습니다. 미래에는 한 분야를 깊이 아는 것보다 다양한 분야와 현상을 적절히 융합하고, 어떤 변화에도 유연하게 대처하는 적응 능력이 필요합니다. 새로운 기술이 어떤 가치와 변화를 만들고 있는지 확인해보며 미래를 준비하길 바랍니다.

우리에게 필요한 자세

메타버스가 우리 일상에 들어왔지만, 기술이 적용되는 분야만 확대할 뿐 여전히 '사람'을 위한 논의는 충분히 이루어지고 있지 않습니다. 메타버스는 단순히 가상세계에 사람이 모여있는 것을 넘어 현실처럼 사회 · 문화 · 경제 활동이 일어나는 곳입니다. 메타버스를 온전히 구현하려면 인문학적 고찰을 통해 사회 변화를 끌어내는 새로운 문화를 형성하는 것이 필요합니다.

NFT 시장을 이해하기 위해서는 작품 거래의 기본이 되는 암호화폐와 탈중앙화 금융 그리고 자율 조직 다오 DAO, 네트워크를 통해 형성된 다양한 가치와 수익을 참여자와 나누는 구조인 WEB 3.0 등 블록체인 기술을 기반으로 하는 시스템과 산업의 구조를 전반적으로 파악하고 있어야 합니다.

지금까지 우리 사회는 특정 분야에 집중하여 전문성을 가진 스페셜리스트만 인정하는 분위기였습니다. 그러나 이제 일의 개념과 형태가 달라지며 폭넓은 지식과 경험을 갖춘 제너럴리스트가 필요합니다. 특히 4차 산업혁명 시대에는 인공지능과 같은 기계와의 대면이 강화되면서 정서적인 부분에 각별한 주의를 기울여야 합니다. 이러한 상황에서 넓은 시야와 소통 능력이 특별한 장점이 될 수 있습니다. 제너럴리스트는 단순히 전문성이 없는 사람이 아닌 다양한 경험을 통해 문제를 창의적으로 해결할 수 있는 능력을 가진 사람으로 재정의되고 있습니다.

최첨단 지식도 다음 세대로 넘어가게 되면 금방 낡은 지식으로 치부되기 마련입니다. 개인은 시대의 흐름에 발맞춰 사회가 요구하는 변화를 유연하게 수용하는 능력을 습득해야 합니다. 그러기 위해서는 여러 분야에 대한 지식과 경험을 융합할 수 있어야 합니다.

〈하버드 비즈니스 리뷰〉에서는 이미 2004년부터 이러한 흐름을 예측하고 'MBA 대신 MFA(예술학 석사)가

뜨고 있다'라는 흐름을 이야기하며 예술과 인문학에 관심을 보였습니다. 현재 예술과 인문학에 대한 필요성이 더욱 강조되고 있습니다. 세계적인 경영 컨설팅 회사인 맥킨지에서 예술학 석사를 채용하고 있으며, 구글과 같은 첨단 기업에서도 다양한 분야를 융합할 수 있는 인재를 찾고 있습니다.

이제 기술을 구현하는 것뿐만 아니라, 실제 기술을 이용하는 사람의 행동 양식과 사고의 흐름처럼 인간의 본질적인 속성을 이해해야 할 시점입니다.

에필로그, 미래를 향한 발걸음

현재 젊은 세대는 부모보다 가난한 첫 세대로 불리고 있습니다. 고도성장이 끝난 저성장 시대에 젊은 세대가 가질 수 있는 자산은 그리 많지 않습니다. 이와 같은 현상은 국내를 넘어 해외도 비슷합니다. 젊은 세대가 디지털 세상으로 모여드는 것은 기성 세대가 만들어놓은 틀에서 벗어나 새로운 세상을 건설하기 위한 것은 아닐까요?

블록체인 기술을 대표하는 암호화폐인 비트코인의 개발자 사토시 나카모토Satoshi Nakamoto는 정부와 은행의 중앙집권화에서 탈피하여 투명한 사회를 이룰 수 있다는 기대감을 심어주었습니다. 이더리움의 창시자인 비탈릭 부테린Vitalik Buterin은 이더리움을 통해 중개 기관이 없는 신뢰 사회를 만들 수 있다는 내용을 「이더리움 백서」에 담았습니다. 두 사람이 꿈꾸던 세상이 언제 구현될지 모르겠지만, 이들이 추구하는 가치와 문화는 이미 완성되어 가고 있습니다. 블록체인 기술은 투명함과 공정함, 철학과 상상력이 더해져 급격하게 성장하여 금융, 경영, 예술, 농업 등 여러 분야에서 새로운 가능성을 제시하고 있습니다.

현재 우리가 블록체인과 NFT 기술을 대하는 모습은 기술이 가져올 '새로운 변화'라는 목적은 잊어버리고, 기술의 고도화에만 집중하는 것처럼 보입니다. 단순히 기술만 향상되면 불편함은 해소되겠지만, 근본적인 고민은 그대로 남아 있게 됩니다. 이제 기술에 대한 기존의 접근 방식과 태도를 넘어서야 합니다.

우리는 디지털 시대로의 대전환을 겪고 있습니다. 유례없이 뛰어난 기술이라도 사람의 마음을 움직이지 못한다면, 결코 지속되지 못할 것입니다. 그러므로 기술 현장과 삶에서 인문학적 사고가 필요합니다. 혁신적인 기술이 미래 사회를 어떻게 바꿀지 아직은 판단할 수 없습니다. 그러나 인문학적 사고는 어떤 상황에서도 유연하게 대처하고 문제를 해결하도록 도와줄 것입니다.

『예술을 소유하는 새로운 방법』에서는 예술을 중심으로 새로운 변화를 이야기했습니다. 예술은 언어의 장벽을 넘어 직관적으로 느낄 수 있습니다. 누구나 쉽고 빠르게 이해할 수 있으며 강한 전파력을 가지고 있습니다. 기술은 과학적 분석과 이성적이고 논리적인 사고를 기반으로 하지만, 기술을 사용하는 사람은 감각과 직관으로 받아들이게 됩니다. 우리는 NFT에 어떤 가치를 담아낼 것인지 진지하게 고민해보고, 우리에게 미칠 영향에 대해 끊임없이 생각해봐야 합니다.

우리는 예측할 수 없는 미래를 향해 달려가고 있습니다. 불확실한 시대에 개인은 스스로 생각하고, 판단하고, 실천하는 방향으로 삶을 만들어가야 합니다. 그러한 과정에서 이 책이 새로운 기술에 대한 자신만의 정의를 찾는 데 도움이 되기를 바랍니다.

예술을 소유하는 새로운 방법

초판 1쇄 발행일 2023년 4월 24일

지은이 박제정

펴낸이 김상기

펴낸곳 리마인드

출판등록 제2021-000076호(2021년 9월 27일)

주소 서울특별시 은평구 응암로14길 1-15, 801호

전화 070-8064-4518 **팩스** 0504-475-6075

이메일 remindbooks@naver.com

편집 김상기 **디자인** 나침반

인쇄 · 제본 명지북프린팅

ISBN 979-11-979637-2-8 (03000)